Nina Peter

Spaß mit Kunst und Kultur in

PARIS

**Ein Reiseführer für Kinder
und die ganze Familie**

Illustrationen Stephan Hörmann

edition kappa

Für Catherine, Sophie, Hélène und Thérèse

edition KAPPA, Verlag für Kultur und Kommunikation, München
2. Auflage 2008
© edition KAPPA, alle Rechte vorbehalten
www.edition-kappa.com

Illustrationen: Stephan Hörmann
Lektorat: Dorothee Kern
Gestaltung Birgit Feigl
ISBN 978-3-937600-15-4

Mit Pollino und Pollina in Paris

Paris ... welch ein schöner Name. Doch noch viel schöner ist die Stadt selbst. Erst wenn ihr den Eiffelturm, Notre-Dame, den Louvre mit seiner Glaspyramide und der Mona Lisa und all die netten Cafés und Bistros selbst gesehen habt, wird Paris zu eurer Traumstadt. Die französische Hauptstadt bietet mit all ihren alten und neuen Sehenswürdigkeiten, mit ihrer über 2000 Jahre alten Geschichte eine solche Fülle von interessanten Dingen, dass man gar nicht weiß womit man anfangen soll. Was sind die ältesten, was die eindrucksvollsten Bauwerke? Welches sind die Geschichten, die sich in dieser Stadt und ihren Straßen abgespielt haben? Damit ihr in wenigen Tagen einen richtigen Eindruck von dieser prächtigen Stadt gewinnen könnt, wurde dieser Reiseführer für euch geschrieben.

Wieder ist es das reisefreudige Geschwisterpaar Pollina und Pollino, das euch durch die Stadt begleiten wird. Für Pollina ist Paris allerdings ihr erklärtes Traumreiseziel, denn sie weiß einfach alles über die französischen Könige und Königinnen. Pollino dagegen kennt sich überhaupt nicht in Frankreich aus. Ihm kommt es sehr zu Hilfe, dass er und seine Schwester schon auf der Hinreise ein Mädchen kennen lernen, das in Paris wohnt, ihnen vom täglichen Leben in der französischen Metropole erzählt und ihnen auf diese Weise die Stadt richtig schmackhaft macht.

Pollina und Pollino unternehmen fünf Rundgänge durch die Stadt:
Der 1. Rundgang führt dorthin, wo Paris entstanden ist und wo heute noch drei herausragende Bauwerke zu besichtigen sind: Sainte-Chapelle, Notre-Dame und Conciergerie.
Der 2. Rundgang zeigt euch die schönste Perspektive. Er führt vom Louvre über die Place de la Concorde und die Champs-Élysées zum Triumphbogen.
An diese beiden Ganztagestouren schließen sich drei Halbtagesrundgänge an, in denen ihr jeweils ein Stadtviertel mit seinen Sehenswürdigkeiten, Geschäften und Lokalen erkundet.
Vielleicht sagt ihr jetzt, aber der Eiffelturm, in welchem Rundgang können wir denn den besichtigen? Der Eiffelturm wird an den 1. Rundgang angehängt, weil er einen sehr guten ersten Überblick über die ganze Stadt bietet. Da er aber jeden Tag bis spät in die Nacht hinein geöffnet ist, könnt ihr euch aussuchen, wann ihr ihn besichtigen wollt. Ihr solltet auf alle Fälle nicht in Eile sein, denn man muss dort immer anstehen. Da ihr das leider öfters in Paris erleben werdet, nehmt ihr am besten eure bequemsten Schuhe mit.

Den Abschluss dieser Besichtigungstouren bildet ein Ausflug zum prunkvollen Königsschloss nach Versailles, dessen Spiegelsaal ihr bestimmt nie mehr vergessen werdet. Nun aber nichts wie hin und viel Spaß!
Eure Nina

Inhalt

Eiffelturm

Anreise und unterwegs in Paris ... einige praktische Tipps

Anreise

Mit dem Auto: Falls ihr mit dem Auto nach Paris fahrt, solltet ihr im Internet auf einen Routenplaner gehen wie zum Beispiel www.viamichelin.de. Dort könnt ihr auch eure Hoteladresse eingeben und ihr werdet von eurer Haustüre bis zu eurem Hotel in Paris geleitet – eure Eltern werden begeistert sein!

Mit dem Zug: Seit neuestem hat sich die Fahrzeit nach Paris deutlich verkürzt wegen neuer Schnellzüge. Selbst von München aus ist es interessant mit dem Zug zu fahren. Er hat den großen Vorteil, dass ihr mitten in der Stadt ankommt. Züge aus Deutschland enden in Paris an der **Gare de l'Est** oder an der **Gare du Nord** (Gare = Bahnhof). Bei beiden Bahnhöfen gibt es Metrostationen (U-Bahnstationen).

Mit dem Flugzeug: In Paris gibt es drei Flughäfen: **Charles de Gaulle** (CDG) – wird auch Roissy genannt, **Orly** (Orly) und **Beauvais** (BVA), letzterer liegt weit außerhalb und wird von Billiganbietern genutzt. Der größte Flughafen ist Charles de Gaulle. Es ist sehr wichtig, dass ihr euer genaues Terminal kennt, vor allem für den Rückflug, da es nicht so einfach ist von einem Terminal zum anderen zu kommen. Vom Flughafen Charles de Gaulle kann man mit dem Bus oder mit dem RER (S-Bahn) in die Stadt fahren. Am angenehmsten ist es den Bus zu nehmen. Ihr habt die Wahl zwischen zwei Busgesellschaften: den speziellen **Roissy-bus**, der vom Flughafen bis zur Station Opera im Stadtzentrum fährt, oder die **Cars Air France**, die zwei Buslinien mit unterschiedlichen Zielen in Paris betreiben. Die eine Linie fährt zur Porte Maillot und weiter zum Arc de Triomphe, die andere zur Gare de Lyon und zur Gare de Montparnasse. Diese Busverbindungen sind ein bisschen teurer als der Roissybus. Natürlich kann man auch ein Taxi nehmen. Im Flughafen findet ihr Schilder, die euch auf die Taxistände hinweisen. Auch wenn dort meist viele Leute anstehen, dauert es nicht lange, bis man ein freies Taxi bekommt.
Der Flughafen Orly wird nicht so oft von Deutschland aus angeflogen wird, sondern mehr für Inlandsflüge genützt. Von dort fahren der **Orlybus** bis zur Station Place Denfert-Rochereau und die Cars Air France zu den Haltestellen Montparnasse und Invalides.
Von Beauvais gibt es einen Bus bis zur Porte Maillot in Paris und einen Schnellzug TER.

Unterwegs in Paris

Die beste Art Paris kennen zu lernen ist die Stadt zu Fuß zu erkunden. Die meisten hier im Reiseführer vorgeschlagenen Rundgänge sind bequem zu gehen. Dennoch müsst ihr, wenn ihr zum Beispiel zum Eiffelturm oder zum Montmartre wollt, die öffentlichen Verkehrsmittel benutzen. Wenn ihr nicht gerade zu den Stoßzeiten fahrt, kann eine Bus- oder U-Bahnfahrt in Paris auch ein schönes Erlebnis sein. Falls ihr doch ins Gedränge kommt, betrachtet es als Abenteuer.

In Paris gibt es ein gut ausgebautes öffentliches Verkehrsnetz. Ihr werdet euch bestimmt schnell zurechtfinden, wenn ihr erst die Grundregeln kennt. Die einfachste und schnellste Art der Fortbewegung in Paris ist die **Metro**, die U-Bahn. Mit ihr erreicht ihr sämtliche wichtigen Ziele in Paris. Auch mit dem Bus kommt ihr überall hin, nur wesentlich langsamer. Sowohl bei der Metro als auch beim Bus müsst ihr zunächst schauen, an welcher Linie euer Ziel liegt und wie die Endhaltestelle heißt. Mit diesen beiden Angaben, Liniennummer und Endhaltestelle, findet ihr den richtigen Bahnsteig. Alle Informationen zum öffentlichen Verkehrsnetz findet ihr unter **www.ratp.fr**, auch in Deutsch, wenn ihr auf das deutsche Fähnchen klickt.

Tickets

Wenn ihr öfter die Metro oder den Bus benützen wollt, ist es am besten, ihr kauft euch ein **Carnet**, eine Zehnerkarte. Es handelt sich um zehn lose Einzelfahrscheine. Diese Tickets bekommt ihr an jeder Metro-Station, entweder am Schalter oder an einem Automaten, oder in den Geschäften, die ein Tabac-Schild haben. Für Kinder unter 4 Jahren sind die öffentlichen Verkehrsmittel kostenlos. Kinder zwischen 4 und 9 Jahren zahlen die Hälfte. Ein Einzelticket für Kinder heißt **»Ticket tarif réduit«**, eine Zehnerkarte **»Carnet demi-tarif«**. Eure Fahrkarte müsst ihr immer bei Antritt der Fahrt entwerten. Ein Ticket gilt 1.30 Std. und ihr könnt beliebig oft damit umsteigen, müsst aber in einer Richtung und im Schienennetz bleiben. Die Fahrt darf auch nicht unterbrochen werden. Es gibt auch die Tageskarten **»Mobilis«** und die Mehrtageskarten **»Paris Visite«**, die sich für euch aber nur lohnen, wenn ihr sehr viel fahren werdet.
Für Jugendliche gibt es noch eine weitere Karte, die für jeweils einen Samstag, Sonntag oder Feiertag gültig ist. Die **»Carte Jeunes«** ist für euch interessant, wenn ihr an einem der genannten Tage in Paris mehrmals die öffentlichen Verkehrsmittel benutzen werdet. Sie gilt aber nicht für die Strecken zu den Flughäfen.

Metro

Die Eingänge zur Metro erkennt ihr an Schildern, auf denen ein großes, gelbes »M«

zu sehen ist. In fast allen Metrostationen gibt es einen Schalter, wo man Karten kaufen kann und auch Automaten. Dort hängen dazu Pläne vom Metro-Netz und von der direkten Umgebung.

Bei den eigentlichen Zugängen zu den Bahngleisen gibt es richtige Absperrungen, wie Drehkreuze oder Klapptüren. Schaut vielleicht erst, wie die anderen Benutzer es machen, denn dort müsst ihr eure Karte in einen Schlitz stecken. Aber Achtung, die Karte kommt an einer anderen Stelle wieder heraus. Ihr nehmt sie mit und könnt dann durch die Absperrung gehen. Bei den Abgängen zu den Bahnsteigen gibt es nochmals einen Plan, auf dem die einzelnen Stationen der Linie aufgeführt sind. Hier vergewissert ihr euch noch mal, ob ihr eure Station seht und ob ihr richtig seid. Jede Linie hat ihren eigenen Bahnsteig. Falls ihr Umsteigen müsst, orientiert ihr euch nach dem Schild »correspondance« *(Anschluss)*,

dort sind wieder die Linien und Endstationen angegeben.

Bus

Wenn ihr es nicht ganz so eilig habt, könnt ihr auch mit dem Bus fahren, dann seht ihr gleich noch etwas von der Stadt. Bei den Bussen ist es wie bei der Metro: Ihr müsst erst eure Buslinie suchen und euch dann noch die Endhaltestelle merken. Für eine Busfahrt sind die gleichen Tickets gültig wie in der Metro, seit neuestem darf man auch von einem Bus auf einen anderen umsteigen, muss dabei aber nochmals die Karte entwerten. Nur mit Tickets, die man im Bus selbst gekauft hat, darf man nicht umsteigen *(sans correspondance)*.

RER

Die Schnellbahnen in die Umgebung von Paris heißen RER. Wenn ihr nach Versailles fahren wollt, könnt ihr zum Beispiel den RER C nehmen. Die RER-Stationen erkennt ihr an einem weißen RER Schriftzug auf blauem Grund. Im Innenstadtbereich gelten die gleichen Tickets wie für Bus und Metro. Nur wenn man weiter hinaus fahren will *(wie nach Versailles)*, muss man spezielle RER-Tickets kaufen, die es auch an allen Stationen gibt.

Schiff

Die schönste, aber leider auch teuerste Art der Fortbewegung in Paris ist das Boot. Auf der Seine verkehren Schiffe, die an mehreren wichtigen Sehenswürdigkeiten *(Eiffel-*

**Blick auf die Ile de la Cité
mit der Kathedrale Notre Dame**

turm, *Musée d'Orsay, St-Germain-des-Prés, Notre-Dame, Jardin des Plantes, Hôtel de Ville, Louvre und Champs-Elysées)* Halt machen. Ihr könnt beliebig oft aussteigen und später wieder zusteigen. Für den **Batobus** gibt es Tageskarten für 1, 2 oder 5 Tage. Kinder unter 16 Jahren bezahlen die Hälfte. Ein Tagesticket kostet etwa soviel wie eine Ausflugsrundfahrt, ein Zweitagesticket nur unwesentlich mehr.
www.batobus.com

Informationen

Wenn ihr vor eurer Abreise noch zusätzliche Informationen über Paris braucht, könnt ihr euch an das französische Fremdenverkehrsamt Maison de la France in Frankfurt wenden.

Maison de la France
Zeppelinallee 37
60325 Frankfurt am Main
Tel. 0900-1 57 00 25
www.franceguide.com

In Paris selbst gibt es mehrere Touristeninformationen, die Zentrale befindet sich in der Nähe der Metro-Station Pyramides im Stadtzentrum.

Office du Tourisme
25, rue des Pyramides, 1 Arr.
Tel. 08 92 68 30 00 *(gebührenpflichtig)*
www.parisinfo.com

Juni bis Oktober Mo. – Sa. 9 – 19 Uhr, November bis Mai 10 – 19 Uhr, So. und an Feiertagen 11.00 – 19.00 Uhr. 1. Mai geschlossen. Hier bekommt ihr sämtliche Informationen zur Stadt. Dort können auch Hotels gebucht und Ermäßigungstickets wie Museumspass oder »Paris Visite« gekauft werden.

Spezielle Freizeit- und Kulturtipps für Kinder und Familien in Paris findet ihr in der Zeitschrift **»Paris Mômes«**. Seit neuestem gibt es auch eine englische Ausgabe. Diese Hefte liegen in Geschäften und Museen aus. Haltet die Augen offen oder schaut unter www.parismomes.fr

Für Unternehmungen in Paris für Familien und Kinder gibt es eine weitere Zeitschrift, deren Tipps ihr im Internet findet *(leider nur in Französisch)*: **www.lamuse.fr**

In der Wartehalle

Pollina und Pollino saßen in der Flughafenhalle und warteten darauf, dass ihr Flugzeug nach Paris aufgerufen wurde. Ihre Eltern hatten es sich neben ihnen bequem gemacht und lasen Zeitung. Pollino trat immer wieder missmutig gegen seinen Rucksack, der vor ihm auf dem Boden stand. »Warum müssen wir ausgerechnet diese Woche nach Paris fliegen? Wir hätten doch auch in der zweiten Ferienwoche gekonnt! Jetzt verpasse ich dieses Weltklasse-Spiel und ich hätte mit Bruno und seinem Vater ins Stadion gehen können!« »Ach, Pollino, hör doch endlich auf damit, du weißt ja, dass Papa nächste Woche arbeiten muss«, antwortete seine Schwester Pollina. »Jetzt freu dich doch auf Paris. Du warst ja noch nie dort und es soll so eine tolle Stadt sein. Da gibt es einfach alles. Zum Fußball kommst du bestimmt noch öfters«, versuchte sie ihn aufzumuntern. »Ich freue mich aber überhaupt nicht. Was soll ich denn in Paris? Außerdem kann ich kein Wort Französisch und gehe bestimmt in dieser riesigen Stadt verloren.«

Bei diesen Worten heftete sich Pollinos Blick auf ein Mädchen in seinem Alter, das auf der gegenüberliegenden Stuhlreihe saß. Sie las ein ziemlich dickes Buch und hatte eine große Packung Gummibärchen auf dem Schoß. Hin und wieder griff sie geistesabwesend hinein, holte ein einzelnes Bärchen heraus und stopfte es sich in den Mund. Doch gerade in diesem Augenblick machte sie eine ungeschickte Handbewegung und die ganze Packung fiel auf den Boden und jede Menge kleine Tütchen und ein paar Gummibärchen flogen heraus. Pollina und Pollino sprangen sofort auf, um dem Mädchen beim Auf-

lesen zu helfen. Schnell sammelten die Kinder die auf dem Boden liegenden Gummibärchenpackungen auf. »Da hast du aber Glück, dass die einzeln verpackt sind«, sagte Pollino und reichte dem Mädchen eine Handvoll. »Vielen Dank! Meine Oma kauft mir immer so eine Packung, damit ich in Paris möglichst lange deutsche Gummibärchen habe«, erzählte das Mädchen. »Ach, du fliegst auch nach Paris?« Pollino sah sie gleich als Leidensgenossin. »Logisch«, kam die prompte Antwort, »ich wohne ja dort, ich war nur bei meiner Oma zu Besuch. Übermorgen habe ich wieder Schule.«

»Ach so«, ließ sich Pollino vernehmen, »und wie ist es so in Paris?« »Erzähl meinem Bruder bitte nur Gutes über Paris«, mischte sich Pollina in das Gespräch ein. »Er versteht kein Französisch und hat Angst sich zu verlaufen«, fügte sie erklärend hinzu. Da lachte das Mädchen und meinte: »Das kann ich gut verstehen. Mir ist es am Anfang auch so gegangen und ich habe mich tatsächlich verlaufen. Aber alles halb so wild. Wenn ich nicht in die Schule müsste und mir Paris einfach so anschauen könnte, fände ich das toll. Ihr müsst unbedingt auf den Eiffelturm. Ich war sogar schon mal abends dort. Da liegt einem Paris wie ein Glitzermeer zu Füßen. Habt ihr schon mal ein éclair au chocolat gegessen?« »Ein was?« fragte Pollino unsicher. »Also, ich sehe schon, du weißt ja gar nicht was dich erwartet. Ich werde euch eine Liste machen, wo ich euch alles Wichtige aufschreibe. Okay?« In diesem Augenblick kam eine Hostesse und holte das Mädchen ab. Denn als unbegleitetes Kind durfte sie als erstes ins Flugzeug. »Ich heiße übrigens Charlotte«, rief sie Pollina und Pollino im Weggehen noch zu. Pollinos Laune hatte sich merklich verbessert und er begann sich langsam auf Paris zu freuen.

Die Geschichte von Paris im Überblick

Um 250 v. Chr.   **Ein gallisches Dorf.** Erste Besiedlung auf einer Insel in der Seine, der Ile de la Cité.

52 v. Chr.   **Eine römische Stadt.** Die Römer erobern die Siedlung und errichten hier ihre Stadt Lutetia, die sich auch auf das linke Seineufer erstreckt.

496 n. Chr.   **Wohnort des fränkischen Königs.** Die Franken dringen in Gallien ein. Ihr Anführer Chlodwig lässt sich in Reims taufen und zum König krönen. Er wählt Paris wegen der zentralen Lage zu seinem Herrschaftssitz.

987 n. Chr. bis 1792   **Die Stadt der französischen Könige.** Hugo Capet wird zum König von Frankreich gewählt und begründet die französische Königsdynastie. Er macht Paris zu seiner Residenzstadt.

13. Jh.   **Paris blüht zur prächtigsten Stadt in Europa auf.** Auf dem linken Seineufer wird die Universität gegründet, auf dem rechten Flussufer entwickelt sich ein reger Handelsplatz. Der Königspalast auf der Ile de la Cité wird ausgebaut. Der Bischofssitz bekommt seine riesige Kathedrale Notre-Dame.

14./15. Jh.   **Der Hundertjährige Krieg** mit England treibt Frankreich und Paris beinahe an den Abgrund.

16. Jh.   **Paris gewinnt wieder an Bedeutung.** Franz I. lässt den Louvre zu einem Schloss umgestalten. Das Rathaus wird gebaut.

17. Jh.   **Die Stadt wird verschönert.** Mit der Place des Vosges bekommt sie einen Ort zum Feiern. Aufstieg des französischen Königshofes zum Vorbild für die europäischen Königshäuser. Ludwig XIV. zieht 1682 mit seinem Hofstaat nach Versailles.

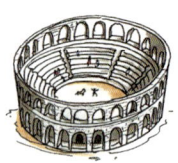

2. Jh.   **12.–14. Jh.**   **16. Jh.**   **17 Jh.**

18. Jh. **Das Ansehen des Königshauses sinkt.** Trotz großer Bautätigkeit herrschen in den Straßen von Paris noch mittelalterliche Verhältnisse, so wird die Wasserversorgung über Brunnen gewährleistet.

1789 – 1799 **Die Stadt der Französischen Revolution.** Am 14. Juli 1789 beginnt in Paris mit dem Sturm auf das alte Gefängnis Bastille die Französische Revolution. Zahlreiche Gebäude werden geplündert, Denkmäler zerstört und viele Menschen werden hingerichtet, darunter auch König Ludwig XVI. (1793). Die alte Königsherrschaft ist nach über 800 Jahren zu Ende.

19. Jh. **Paris entwickelt sich zur modernen Großstadt.** Es gibt ein enormes Bevölkerungswachstum. Alte Stadtviertel werden abgerissen und große Straßenachsen angelegt, Kaufhäuser entstehen. Paris wird zur Stadt der Mode, des Vergnügens und der Kunst.

20. Jh. **Paris – Stadt der Kunst.** Zu Anfang des Jahrhunderts ist Paris das kulturelle Zentrum der Welt. Nach dem Zweiten Weltkrieg beginnt eine umfangreiche Stadtsanierung. In den 1980er-Jahren werden viele historische Gebäude renoviert, wie der Louvre. Aber auch neue, moderne Architektur entsteht: die Glaspyramide im Hof des Louvre, La Grande Arche de la Défense und die Nationalbibliothek.

21. Jh. **Die Hauptstadt Frankreichs erstrahlt in neuem Glanz.** Die großen Renovierungsprojekte sind abgeschlossen. 2006 wird am Quai Branly ein neues Museum für außereuropäische Kunst eröffnet. Im Jahr 2012 soll die Philharmonie, ein Konzerthaus, fertig sein. Die Stadt Paris hat ca. 2,1 Millionen Einwohner. Im Großraum von Paris leben ca. 11 Millionen Menschen.

   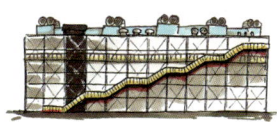 

18. Jh. 19. Jh. 20. Jh. 21. Jh.

Die Geschichte der Stadt Paris

Erste Besiedlung und römische Stadt

Etwa um 250 vor Christus begannen gallische Fischer vom Volk der Parisii die größte Insel in der Seine zu besiedeln. Sie bauten ihre Hütten auf der heutigen Ile de la Cité, da sie dort vor Überschwemmungen geschützt waren und zudem den Fluss nutzen konnten. Die Seine war damals viel breiter als heute und es gab noch mehrere kleinere Inseln. Die Ufergebiete waren sehr sumpfig und die weitere Umgebung war von Wäldern bedeckt.

Als die römischen Truppen 52 vor Christus Gallien eroberten, nahmen sie auch diese Insel ein und gründeten wiederum dort eine Stadt, die sie Lutetia nannten. Sie bauten einen Tempel und einen Palast und legten die für Römer typischen geraden Straßenachsen an. Auf der linken Uferseite errichteten sie ein Theater. Von dieser Arena, die etwa 15 000 Besucher aufnehmen konnte, sind heute noch einige wenige Überreste zu sehen. Lutetia war aber nicht die bedeutendste Stadt im römischen Gallien. Lugdunum, das heutige Lyon, war die Hauptstadt. In Lutetia gab es sehr viele Handwerker: Schreiner, Schmiede und Töpfer. Berühmt war die Stadt für ihre Goldschmiedekunst und ihre Töpferware. Die wichtigsten und reichsten Bewohner waren die Kaufleute, die ihren Handel auf der Seine betrieben. Diesen Flussschiffern verdankte Lutetia ihre Bedeutung und ihren Wohlstand. Das Stadtwappen von Paris zeigt daher auch ein Schiff.

Im 3. Jahrhundert breitete sich das Christentum im römischen Nordfrankreich aus. Der griechische Prediger Dionysius kam nach Lutetia, um dort den christlichen Glauben zu verkünden. Doch das missfiel dem römischen Stadthalter. Dionysius wurde festgenommen und auf einem Hügel enthauptet, der fortan Montmartre hieß, der Berg der Märtyrer *(s. Begriffserklärungen)*. Der Legende nach soll Dionysius nach seiner Enthauptung seinen Kopf aufgehoben haben und mit ihm in den Händen noch einige Kilometer gelaufen sein. Über seinem Grab wurde später die Kirche St-Denis *(Heiliger Dionysius)* errichtet, in der die meisten der französischen Könige begraben werden sollten.

Das römische Reich war zu groß geworden, um es vor allen feindlichen Angriffen schützen zu können. Immer wieder überfielen »Barbaren«, so nannten die Römer fremde Völker, Gallien. Besonders gefürchtet waren die Hunnen, ein Reitervolk aus Asien. Von ihrem Anführer Attila (453 gestorben) hieß es, worüber er geritten sei, dort wüchse kein Gras mehr. Doch eine junge Frau mit Namen Geneviève (um 422–502) brachte die Bewohner von Paris dazu ihre Stadt zu verteidigen und dafür zu beten, dass die Hunnen vorbei zögen. Tatsächlich blieb die Stadt verschont und Geneviève wurde zur Schutzheiligen von Paris. Die Römer hatten den Ort wieder nach seinen ursprünglichen Einwohnern in Parisius umbenannt, was zu Paris verkürzt wurde.

Fränkische Zeit

Nach dem Untergang des römischen Reiches 476 wurde Paris einige Jahrzehnte später von den Franken, einem germanischen Volksstamm, erobert. Um 500 entstand das große Frankenreich. Der fränkische Fürst Chlodwig (465–511) war ein rauer Herrscher, der nicht vor Gewalttaten zurückschreckte. Er wurde zum König ernannt und trat zum Christentum über. Chlodwig machte Paris zu seinem Königssitz und verhalf der Stadt zu einer Blütezeit, denn Luxuswaren wie Gewürze, edle Stoffe und Schmuck gelangten über die alten Römerstraßen dorthin. 300 Jahre nach Chlodwig wurde Karl der Große (742–814) Herrscher über das Frankenreich. Er wurde am Weihnachtsabend im Jahr 800 vom Papst in Rom zum »Kaiser der Römer« gekrönt. Karl der Große sah sich als Nachfolger der römischen Kaiser und als weltlicher Führer der Christenheit. Mittelpunkt seines Reiches wurde die Stadt Aachen. So verlor Paris an Bedeutung. Aus dieser Zeit gibt es nur noch sehr wenige Monumente in Paris, eines davon ist der Kirchturm von St-Germain-des-Prés. Nach Karl dem Großen wurde das Herrschaftsgebiet erst in drei und später in zwei Teile geteilt. Aus diesen Gebieten sollten später Frankreich und Deutschland entstehen.

Die Kapetinger

Hugo Capet (941–996) wurde von den Fürsten des Landes zum König von Frankreich gewählt und Paris stieg zur Hauptstadt auf. Von nun an war sie unmittelbar mit der Geschichte Frankreichs verbunden. Hugo Capet setzte schon zu seinen Lebzeiten seinen Sohn als Nachfolger ein. So gelang es ihm seiner Familie die Krone zu sichern. Frankreich wurde von einer langen Reihe von Königen bis ins Jahr 1792 regiert. Sie stammten erst aus der Familie der Kapetinger, dann aus dem Haus Valois bis hin zu den Bourbonen. Paris war von nun an Königsresidenz. Der Einflussbereich des Königs war allerdings noch sehr klein, da er sich auf die unmittelbare Umgebung von Paris beschränkte. Daher war es sehr wichtig, die königlichen Gebiete durch Heirat oder Kriege zu vergrößern. Nur so konnte sich der König gegen die anderen Fürsten durchsetzen, die zum Teil viel mehr Land besaßen als er selbst. Hugo Capet starb 996 im Königspalast, dort wo sich heute der Justizpalast auf der Ile de la Cité befindet.

Unter den Kapetingerkönigen war Philipp II. August (1165–1223) besonders bedeutsam. Er ließ eine Stadtmauer um Paris errichten, die sowohl das linke als auch das rechte Ufer der Seine mit einbezog. Paris erhielt seine typische runde Form, die es bis heute behalten hat. Wurde es innerhalb des Mauerringes zu eng, wurde ein neuer, weiterer angelegt. So bekam Paris immer neue Ringe, wie eine Zwiebel. Philipp II. August baute auf der Ile de la Cité den Königspalast aus. Außerhalb der Stadtmauer ließ er auf der rechten Seite der Seine eine Wehrburg anlegen, den Louvre.

Die Straßen in der Stadt bestanden aus festgetretener Erde, die sich bei Regen in Schlamm verwandelte. Die Bewohner warfen ihre Abfälle einfach vor die Tür. Auf den Straßen tummelten sich außer den Leuten auch Tiere, wie Hunde und Hühner. Paris war daher ziemlich schmutzig und es roch übel. Um dem Abhilfe zu schaffen, wurde unter Philipp II. August begonnen die Straßen zu pflastern.

In dieser Zeit entwickelte sich in Frankreich ein ganz neuer Baustil, der Gotik (s. Begriffserklärungen) genannt wird. Große und vor allem hohe Kirchen wurden errichtet, wie z. B. die riesige Kathedrale Notre-Dame in Paris.

Als Ludwig IX. (1214–1270) mit zwölf Jahren auf den Thron kam, fand er ein gut organisiertes Land vor. Dank der Hilfe seiner Mutter Blanca von Kastilien konnte er sich auf dem Thron behaupten. Er war sehr fromm und hatte einen ausgeprägten Gerechtigkeitssinn. Ihm gelang es, die Dornenkrone Christi zu erwerben. Für diese wertvolle Reliquie (s. Begriffserklärungen) ließ er im Königspalast die Sainte-Chapelle bauen. Der König förderte die Pläne seines Beichtvaters Robert de Sorbon, eine höhere Schule für arme Theologiestudenten zu gründen. So entstand auf der linken Seite der Seine eine der ersten Universitäten. Sie trägt noch heute den Namen ihres Gründers »la Sorbonne«. Auf der rechten Seite hatte sich um die Place de la Grève (heute Place de l'Hôtel

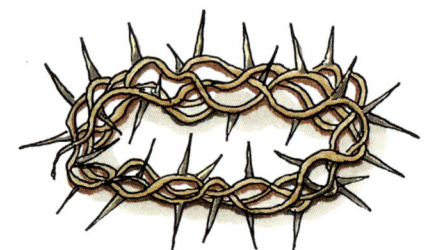

de Ville) das Handelszentrum von Paris entwickelt. Diese klare Aufteilung in drei Bereiche, das Machtzentrum mit der Kathedrale Notre-Dame und dem Königspalast auf der Ile de la Cité in der Mitte, der Universität auf dem linken Ufer und dem Zentrum der Kaufleute auf der rechten Seite prägte die Stadt. Diese Grundzüge sind bis heute erhalten geblieben. Noch immer befinden sich die Universität auf der linken und das Handelszentrum auf der rechten Seineseite. Weiterhin hält der Erzbischof von Paris seine Messe in Notre-Dame, nur die Könige wechselten ihre Residenz.

 Als weitere Stärkung der königlichen Macht ließ Ludwig IX. Goldmünzen anfertigen, die für das ganze Land Gültigkeit hatten. Der König starb auf dem 8. Kreuzzug in Tunis 1270. Er wurde später heilig gesprochen und ist daher besser bekannt unter dem Namen Ludwig der Heilige. Paris entwickelte sich zur prächtigsten Stadt des Mittelalters und zum geistigen Zentrum Europas.

Die Valois

Nachdem die Linie der Kapetinger ohne männlichen Nachkommen im Jahr 1328 erlosch, ging die Thronfolge an einen Cousin aus dem Haus Valois über. Im 14. Jh. verschlechterte sich das Leben der Pariser. 1337 war wegen Erbstreitigkeiten zwischen Frankreich und England ein Krieg ausgebrochen, der erst nach 115 Jahren beendet werden sollte. Dazu wütete im Jahr 1348 die Pest, nur ein Drittel der Bevölkerung überlebte.

Karl V. (1338–1380) verließ die Königsburg auf der Ile de la Cité, sie wurde fortan als Verwaltungsgebäude genutzt. Dafür wurde der Louvre zum Wohnsitz umgestaltet. Eine Verlegung der Stadtmauer auf dem rechten Seineufer war notwendig. Mit der neuen Begrenzung hatte sich die Fläche von Paris mehr als verdoppelt. Die Stadt zählte nun schon 200 000 Einwohner.

Im Jahr 1453 fand der Krieg mit England endlich ein Ende. Paris war sogar einige Jahre in englischer Hand gewesen (1420–1436). Schließlich war es aber gelungen, die Engländer aus Frankreich zu vertreiben. Die Könige zogen es jedoch vor, auf Schlössern an den Ufern der Loire zu leben.

Erst unter Franz I. (1494–1547) gelangte die Hauptstadt wieder zu neuer Blüte. Der König liebte alles was glänzte: Reichtum, Ruhm und die Künste. Er gab viele Feste und Vergnügungsveranstaltungen. Daher hielt sich der Adel gern in seiner Nähe auf. So bildete sich um den König eine feste Gruppe von Personen, die man »Hof« nannte. Dieser Hofstaat zog mit von Schloss zu Schloss. Wie bei einem Wanderzirkus wurden Möbel, das Bett des Königs und Teppiche auf Wagen transportiert, begleitet von Hunden, Bären, Kamelen und Löwen. Der Lieblingsaufenthaltsort Franz I. war das Schloss Fontainebleau unweit von Paris. Auch hatte der König eine große Vorliebe für Italien. Er lud den berühmten italienischen Künstler Leonardo da Vinci ein, an seinen Hof zu kommen. Franz I. ließ den Louvre zu einem Schloss umbauen. Auch die bedeutende Sammlung italienischer Gemälde, allen voran das berühmte Bild »Mona Lisa« von Leonardo da Vinci, ist ihm zu verdanken.

Als Franz I. 1547 starb, gab es in Frankreich große religiöse Auseinandersetzungen zwischen Katholiken und Protestanten. Martin Luther, der geistige Führer der Protestanten, hatte die Machtausnützung der Katholischen Kirche angeklagt. Frankreich blieb zwar ein katholisches Land und es waren auch nur wenige, die zum protestantischen Glauben überwechselten. Doch diese kleine Anhängerschaft entstammte meist dem einflussreichen Adel und dem Bürgertum. Heinrich II. (1519–1559), der seinem Vater Franz I. auf den Thron folgte, kam bei einem tragischen Unfall ums Leben. Seine Witwe Katharina de Medici regierte mit ihren drei Söhnen, die nacheinander Könige wurden. Sie ließ nahe dem Louvre ein Gartenschloss erbauen, das später mit ihm verbunden wurde, die Tuilerien (heute zerstört). Als 1589 ihr Sohn Heinrich III. (1551–1589) ermordet wurde, starb die Linie der Valois aus.

Die Bourbonen

Ein Cousin aus der Nebenlinie der Bourbonen, Heinrich von Navarra, wurde sein Thronnachfolger. Doch er war Protestant. Um französischer König werden zu können, musste er zum katholischen Glauben übertreten. Er tat dies mit den berühmten Worten »Paris ist eine Messe wert«. Dieser König Heinrich IV. (1553–1610) schaffte es nun die Religionskriege zu beenden. Paris sollte erneuert werden. So ließ er, da die Stadt zu dieser Zeit über keinen Platz für Feste und Umzüge verfügte, die Place des Vosges anlegen. Dieser schöne Platz liegt im Viertel Marais. Dort finden sich noch heute prächtige Stadthäuser des Adels, und man kann noch viele Spuren aus dem 17. Jh. entdecken. Heinrich IV. erlebte die Fertigstellung des Platzes nicht mehr, denn er wurde 1610 ermordet.

Seine Nachfolge trat sein Sohn Ludwig XIII. (1601–1643) an. Dessen Hochzeit mit Anna von Österreich wurde auf der Place des Vosges, damals noch Place Royal genannt, gefeiert. Seine Mutter Maria de Medici

Reiterstandbild von Ludwig XIII. auf der Place des Vosges

Place Royale (heute
Place des Vosges)
anlässlich der Hochzeit
Ludwigs XIII. mit Anna
von Österreich 1612

regierte bis zu seiner Volljährigkeit für ihn. Sie stammte aus Florenz und ließ auf der linken Seite der Seine einen Palast mit einem sehr großen Garten bauen, den Palais du Luxembourg und den gleichnamigen Garten. Heute ist diese Grünanlage ein großer Anziehungspunkt und ein beliebtes Ziel für Kinder.

Zum großen Vorbild für alle Königshäuser Europas wurde das Leben am Hof in Frankreich unter Ludwig XIV. (1638–1715). Er war schon mit fünf Jahren auf den Thron gekommen. Seit seinem 23. Lebensjahr regierte er mit unumschränkter Macht. Um den Adel unter Kontrolle zu haben und weil er das Leben in Paris nicht mochte, verlegte er den ganzen Hof nach Versailles, wo er ein riesiges Schloss hatte errichten lassen. In Paris

ließ er als Wohnstätte für verletzte Soldaten das Invalidenheim bauen. In dieser großen Anlage entstand zusätzlich zu einer Kirche für die Soldaten auch der Invalidendom als Heldengedenkstätte.

So aufwändig das Leben am Hof war, so elend war es für die einfachen Leute. Es hatte mehrere sehr kalte Winter und schlechte Ernten gegeben, das Volk musste hohe Steuern zahlen. Die kleine Gruppe der

Les Invalides

Adligen und der hohen Geistlichen dagegen war von der Steuerpflicht ausgenommen. Zudem hatten die vielen Kriege unter der Regentschaft von Ludwig XIV. das Land finanziell ruiniert, er starb 1715 im für die damalige Zeit unglaublich hohen Alter von 77 Jahren im Schloss von Versailles. Zuvor ließ er seinen fünfjährigen Urenkel, den zukünftigen Ludwig XV. (1710 – 1774), an sein Bett kommen und riet ihm, nicht so viele Kriege zu führen.

Der neue junge König wurde vom Volk freudig begrüßt. Die Regierung übernahm bis 1722 sein Onkel Philipp Herzog von Orléans. Die Stadt Paris schenkte Ludwig XV. ein großes Reiterstandbild von ihm. Um einen würdigen Ort für dieses Geschenk zu schaffen, ließ er einen großen Platz am Eingang der Tuilerien gestalten, die heutige Place de la Concorde, die damals den Namen Place Louis XV. trug. Erst 1741 führte Frankreich wieder Krieg, der hohe Schulden mit sich brachte. Als der König 1774 verschied, hinterließ er seinem Enkelsohn Ludwig XVI. Frankreich in einer nicht einfachen Situation: Die Autorität des Königs war geschwächt, das Land war verschuldet.

Der neue König war zwanzig Jahre alt, als er die Regierung übernahm. Ludwig XVI. (1754 – 1793) war ein schüchterner und unentschlossener Mann. Er versuchte zunächst, eine ausgleichende Politik zu führen. Er ließ sich aber dazu verleiten in den Amerikanischen Unabhängigkeitskrieg einzugreifen. Die Folge war ein noch größerer Schuldenberg. Um eine Lösung dieses gewaltigen Problems zu finden, berief er

die Generalstände, die Vertreter der einzelnen Volksstände, ein. Doch diese Versammlung überrollte den König, indem sich eine der Gruppen zum alleinigen Vertreter des Volkes erklärte. So bildete sich die Nationalversammlung, die Ludwig XVI. notgedrungen anerkennen musste. Mit einem Mal machte sich auch der Unmut des Volkes, der sich seit Jahrzehnten angestaut hatte, mit unaufhaltbarer Gewalt Luft.

Die französische Revolution

Am 14. Juli 1789 wurde das Staatsgefängnis, die Bastille, gestürmt. Am 6. Oktober zog eine aufgebrachte, hungrige Menschenmenge nach Versailles und zwang die königliche Familie nach Paris umzuziehen. Der König war Gefangener der Pariser Bevölkerung. Als Zeichen der Revolution gab es eine neue Fahne. Die Farben von Paris, Blau und Rot, wurden mit dem königlichen Weiß verbunden, die berühmte »Tricolore«. Die Menschen wollten vor allem eine Verbesserung ihrer Lebensumstände. Doch als der König 1791 mit seiner Familie zu fliehen versuchte, bei diesem Fluchtversuch jedoch ertappt wurde, verlor er jegliche Gunst. Er und seine Gemahlin Marie Antoinette wurden 1793 hingerichtet.

Gemäß dem Motto der Revolution »Freiheit, Gleichheit, Brüderlichkeit« wurden Adel und Kirche radikal entmachtet. Für die Kinder führte man eine allgemeine Schulpflicht ein. Da jedoch weder Lehrer noch Schulgebäude vorhanden waren, konnte sie nicht umgesetzt werden. Die zehn Jahre nach der

Revolution waren geprägt von Unruhen, Kriegen und wechselnden Machtverhältnissen. 1799 riss ein junger General aus Korsika, der sich im Krieg gegen Italien hervorgetan hatte, die Macht an sich: Napoleon Bonaparte (1769–1821).

Napoleon I. und das Erste Kaiserreich

Napoleon erklärte die Revolution für beendet. Nun hatte das französische Volk, das gegen die Macht des Königs gekämpft hatte, einen Herrscher, der noch mächtiger war als der König. Napoleon bezog wieder den Louvre, und zwar den heute zerstörten Teil der Tuilerien. Er sorgte zunächst für Frieden im Inland sowie mit dem Ausland. Dank dieser Erfolge gelang es Napoleon, sich zum Kaiser zu ernennen und sich in seinem Amt durch eine Wahl bestätigen zu lassen. Um diesem Akt die entsprechende Würde zu verleihen, fand am 2. Dezember 1804 in der Kathedrale Notre-Dame die feierliche Kaiserkrönung Napoleons statt. Sie ist in dem berühmten Gemälde von Jacques-Louis David festgehalten worden, das sich heute im Louvre befindet. Doch Napoleons Streben nach Macht war noch nicht befriedigt, er wollte Europa und sogar

Russland beherrschen. Der Russlandfeldzug endete jedoch mit einem Desaster für die Armee Napoleons. Diese Schwäche nutzten seine Feinde, um sich gegen ihn zu verbünden. Im Jahr 1813 kam es zur berühmten Völkerschlacht bei Leipzig. Die Armeen von Preußen, Österreich, Russland und Schweden besiegten die Armee von Napoleon. Die Siegermächte zogen in Paris ein und zwangen Napoleon zum Abdanken und verbannten ihn auf die Insel Elba im Mittelmeer. Ein Bruder des hingerichteten Königs Ludwig XVI., Ludwig XVIII. (1755–1824), übernahm 1814 die Regierung. Doch ein Jahr später schaffte Napoleon die Flucht von Elba, und er konnte auf dem Weg nach Paris die Bevölkerung wieder für sich gewinnen. Der König zog sich aufs Land zurück. Erneut kam es zum Krieg mit England und Preußen. In Waterloo, einem Ort in Belgien, wurde Frankreich 1815 vernichtend geschlagen. Die Engländer schickten Napoleon in Gefangenschaft weit weg auf die kleine Insel St. Helena im Atlantik. Dort starb er sechs Jahre später im Alter von 52 Jahren.

Napoleon hatte in seiner Regierungszeit in Frankreich entscheidende Neuerungen eingeführt. Alle französischen Bürger waren nun vor dem Gesetz gleich. Diese neuen Rechte der Bürger wurden in einem Gesetzbuch verankert, dem »Code civil«, dem »Bürgerlichen Gesetzbuch«. Es diente als Vorbild für viele andere Länder. Auch das Schulwesen wurde unter Napoleon neu gestaltet. Es entstand ein Schulsystem für ganz Frankreich. Die Verwaltung wurde zentral von Paris aus gesteuert. Noch heute gibt es einheitliche Lehrpläne und Prüfungen für das ganze Land.

In Paris zeugen der kleine Triumphbogen im Hof des Louvre und der große Triumphbogen von Napoleons Wunsch, an die Macht der römischen Kaiser anzuknüpfen. Der Triumphbogen an der Place Charles de Gaulle konnte allerdings erst viele Jahre nach Napoleons Tod fertig gestellt werden. Das Grab Napoleons wurde im Invalidendom aufgestellt, nachdem es den Franzosen gelungen war, seine sterblichen Überreste den Engländern abzuringen.

Rückkehr zum Königtum

Nach der endgültigen Verbannung Napoleons kam Ludwig XVIII. wieder zurück. Er war während der Revolution nach England geflohen und blieb 23 Jahre im Exil. Von dort brachte er neue und moderne Ideen mit nach Frankreich. Als er 1824 starb, übernahm sein Bruder Karl X. (1757–1836) die Regierung. Er war nicht fortschrittlich eingestellt und wollte wieder ein Königtum alten Stils. So entbrannte nach nur sechs Jahren Regierungszeit wieder heftiger Widerstand in Paris gegen seine Politik und er musste 1830 zurücktreten. Dennoch kam nach ihm wieder ein König an die Macht. Dieser wollte nicht König von Frankreich genannt werden, sondern König der Franzosen. Doch auch der Bürgerkönig Louis-Philippe (1773–1850) musste 1848 nach 18 Jahren den revolutionären Kräften weichen und abdanken. Während seiner Regierungszeit wurden sowohl Bauwerke der Zeit Napoleons als auch der Monarchie zu Ende geführt. Er ließ den Triumphbogen vollenden und die Place de la Concorde umgestalten.

Im 19. Jahrhundert erlebte Paris eine Bevölkerungsexplosion. Zwischen 1830 und 1860 stieg die Einwohnerzahl von 890 000 auf 1 700 000 an. Innerhalb von nur dreißig Jahren hatte sich die Bevölkerung fast verdoppelt. Dies brachte viele Probleme im Wohn- und Verkehrsbereich mit sich.

Grabmal von Napoleon I. im Invalidendom

Triumphbogen

Napoleon III. und das Zweite Kaiserreich

Nach dem endgültigen Scheitern der Monarchie wurde Frankreich 1848 wieder eine Republik (s. Begriffserklärungen). Als Ministerpräsident wurde ein Neffe Napoleons gewählt, Louis Napoleon (1808–1873). Da Napoleon III. nach einer vierjährigen Amtszeit weiter regieren wollte, ließ er die Verfassung ändern, errichtete nach dem Vorbild seines Onkels ein zweites Kaiserreich und nannte sich Napoleon III. Mit dem Präfekten von Paris, Baron Haussmann, nahm er wichtige Baumaßnahmen in der Hauptstadt in Angriff. Auf der Ile de la Cité wurden die mittelalterlichen Häuserzeilen abgerissen. Die großen Straßen, die Boulevards, wurden angelegt, Wasserleitungen verlegt und die Kanalisation wurde ausgebaut. Paris entwickelte sich zu einer modernen Großstadt. Das Opernhaus stammt aus dieser Zeit und zeigt mit seiner prunkvollen Ausstattung den damaligen Geschmack.

Doch 1870 kam es zum Krieg mit Preußen. Napoleon III. wurde bei Sedan vernichtend geschlagen und gefangen genommen, Paris von Preußen belagert. Etwas über vier Monate hielt die Bevölkerung der Belagerung stand. Die Lebensmittel wurden so knapp, dass sogar Tiere des Zoos geschlachtet werden mussten. Zum Hunger kam auch noch extreme Kälte. Schließlich gab sich Paris und damit Frankreich am 28. Januar 1871 geschlagen.

Es wurde eine neue französische Regierung gebildet, in der sich aber viele Anhänger des Königtums befanden. Gerade die Arbeiter in Paris sahen ihre Interessen nicht vertreten. So kam es in der Hauptstadt zu einem Aufstand gegen die Maßnahmen der Regierung, der Aufstand der Kommune (s. Begriffserklärungen). Gebäude wurden in Brand gesteckt, das Schloss Tuilerien und das Rathaus Opfer der Flammen. Letztendlich gelang es den Regierungstruppen, den Aufstand niederzuschlagen. Es folgte die Zeit der III. Republik.

III. Republik

In der zweiten Hälfte des 19. Jhs. brachte Paris unglaublich viele Künstler hervor. Die Malergruppe der Impressionisten *(s. Begriffserklärungen)*, zu der Edouard Manet, Claude Monet, Camille Pissaro, Pierre-Auguste Renoir und Edgar Degas gerechnet werden, sorgte für Aufsehen, als sie ihre Bilder ausstellten, denn sie zeigten Motive ihrer unmittelbaren Umgebung in einer von Licht erfüllten Malweise. Dies war zu dieser Zeit sehr ungewöhnlich, man malte sonst im Atelier historische Szenen. Paris wurde in der ganzen Welt als Stadt der Kunst und des Vergnügens berühmt. Im Musée d'Orsay, das sich in einem stillgelegten Bahnhof befindet, sind die Werke dieser Zeit zu sehen.

1889, hundert Jahre nach der Revolution, fand eine Weltausstellung in Paris statt. Aus diesem Anlass wurde der Eiffelturm erbaut. Mit seinen 320 Metern war er damals der höchste Turm der Welt und zeigte, dass Frankreich auf dem Gebiet der Bautechnik sehr fortschrittlich war. Auch die erste Metrolinie von Paris konnte im Jahr 1900 eingeweiht werden.

Dank des kreativen Umfelds zog die Stadt Künstler aus aller Welt an. Besonders das dörfliche Viertel auf dem Montmartre wurde wegen seiner billigen Mieten und der vielen Vergnügungslokale zum Wohnort vieler Maler. Pablo Picasso ließ sich 1904 dort nieder und erprobte neue malerische Ausdrucksformen. Auf dem Montmartre war die Kirche Sacré-Cœur als Mahnmal des Krieges von 1870–1871 immer noch im Bau, sie konnte erst 1919 eingeweiht werden. Der Erste Weltkrieg setzte dieser Epoche ein Ende.

Erster und Zweiter Weltkrieg

Am 3. August 1914 erklärte Deutschland Frankreich den Krieg. Die deutsche Armee rückte sehr schnell über Belgien nach Frankreich vor, schon im September stand sie kurz vor Paris. Die Regierung flüchtete nach Bordeaux. Doch schließlich konnte die französische Armee die Deutschen stoppen. Sie brauchte aber dringend Unterstützung. In Paris konnte General Gallieni 6000 Männer zur Verstärkung gewinnen, sie mussten aber

Édouard Manet
»Musik in den Tuilerien« 1862

**Blick auf den Montmartre
mit der Basilika Sacré-Cœur**

in kürzester Zeit an ihren Einsatzort gelangen. Kurzer Hand wurden die Pariser Taxis zusammen gerufen und übernahmen den Transport. So konnte die Schlacht von den Franzosen gewonnen werden, und die Deutschen mussten sich zurückziehen. 1917 griffen die Amerikaner in das Kriegsgeschehen in Europa ein, und die Niederlage Deutschlands wurde endgültig besiegelt. Nun entdeckten die Amerikaner Paris, viele Maler und Schriftsteller zogen dorthin. Einer der bekanntesten war Ernest Hemingway. 1937 fand wieder eine Weltausstellung in Paris statt. Direkt gegenüber vom Eiffelturm entstand der Palais de Chaillot am Trocadéro, in dem heute mehrere Museen untergebracht sind.

**Das Rosa Haus
auf dem Montmartre**

Im Zweiten Weltkrieg ergaben sich die französischen Truppen 1940, die Stadt wurde von der deutschen Wehrmacht besetzt. Der französische General Charles de Gaulle konnte nach England entkommen und organisierte von dort den Widerstand. Erst 1944 kam es zur Befreiung und de Gaulle zog an der Spitze der Truppen in Paris ein.

IV. und V. Republik

Nach dem Zweiten Weltkrieg konnte Paris an seinen Ruf als Treffpunkt der Schriftsteller und Philosophen anknüpfen. Vor allem französische Filme und Photografien zeigen das Leben der damaligen Zeit. Unter den Präsidenten der Nachkriegszeit machte sich besonders Georges Pompidou um das Erscheinungsbild von Paris verdient. Er hatte eine Vorliebe für moderne Kunst und ließ in einem alten Stadtviertel ein Kulturzentrum errichten: das Centre Pompidou.

1981 wurde François Mitterand zum Staatspräsidenten gewählt. Während seiner Amtszeit bis 1995 erlebte Paris einen regelrechten Bauboom. Eines der wichtigsten Projekte war die Neugestaltung des Louvre. Mit der Pyramide erhielt das nun größte Museum der Welt einen zentralen Eingangsbereich. Die neue Oper an der Bastille und die Nationalbibliothek wurden gebaut. Letztere besteht aus vier Türmen, die wie aufgeklappte Bücher aussehen. Sein Nachfolger Jacques Chirac nahm weitere Projekte in Angriff. Die Ausstellungsgebäude Grand Palais und Petit Palais wurden renoviert. Der spektakuläre Neubau des Museums für außereuropäische Kunst, das Musée du Quai Branly, konnte von Chirac eingeweiht werden. Seit Mai 2007 ist Nicolas Sarkozy französischer Staatspräsident. Er feierte seinen Wahlsieg auf der Place de la Concorde wie ein Popstar. Paris bot zu diesem Spektakel die prächtigste Kulisse, die man sich vorstellen kann.

Glaspyramide im Innenhof des Louvre

Kleines Sprachlexikon

Französisch	Aussprache	Deutsch
S'il vous plaît	sil vu plɛ	bitte
Merci	mɛrsi	danke
Ou ?	u	wo?
Quand ?	kã	wann?
Métro	metro	U-Bahn
Carnet	karnɛ	Streifenkarte
Ticket	tikɛ	Fahrkarte
Entrée	ãtre	Eingang
Accès	aksɛ	Zugang
Sortie	sorti	Ausgang
Rue	ry	Straße
Boulevard	bulvar	große Straße, Boulevard
Place	plas	Platz
Église	egliz	Kirche
Hôtel	otɛl	Hotel oder herrschaftliches Stadthaus
Tour	tur	Turm
Musée	myze	Museum
Fermé	fɛrme	geschlossen
Ouvert	uvɛr	offen
Bonjour	bõʒur	Guten Tag
Bonsoir	bõswar	Guten Abend
Au revoir	o rəvwar	Auf Wiedersehen
Salut	saly	Hallo! Tschüs!
Baguette	baget	Stangenweisbrot
L'eau	lo	Wasser
Éclair au chocolat	eklɛr o ʃɔkɔla	Gebäck mit Schokoladencreme
Croque-monsieur	krok məsjø	Schinkenkäsetoast
Orangina	ɔrãʒina	Orangenlimonade
Un	œ̃	eins
Deux	dø	zwei
Trois	trwa	drei
Quatre	katrə	vier
Cinq	sɛ̃k	fünf
Six	sis	sechs
Sept	set	sieben
Huit	ɥit	acht
Neuf	nœf	neun
Dix	dis	zehn

Im Flugzeug

Als Pollina und Pollino mit ihren Eltern das Flugzeug betraten, sahen sie, dass Charlotte nur eine Sitzreihe vor ihnen am Gangplatz saß. So überließen sie ihren Eltern jeweils den Fensterplatz und setzten sich ebenfalls auf die Sitze am Gang. Doch erst einige Zeit später gelang es ihnen, mit Charlotte die Liste anzufangen. Charlotte hatte sich mit einem Block und einem Stift bewaffnet und drehte sich zu den Geschwistern um. »Also, wo fangen wir an?«, wollte sie wissen. »Vielleicht mit den wichtigsten Wörtern«, schlug Pollino vor. »Okay, das Zauberwort ist »s'il vous plaît, das heißt »bitte«. Hmm, wie schreib ich das jetzt auf, damit ihr wisst, dass das t nicht gesprochen wird«? »Schreib es doch einfach so wie es gesprochen wird«, schlug Pollina vor. »Gute Idee, sieht aber ein bisschen komisch aus«. Sie schrieb »sil vu plä«. Charlotte war schon beim nächsten Wort: »merci, das ist einfach, heißt danke und kann auch Wunder wirken. Wenn Pollino sich wirklich verlaufen hat, was soll er dann fragen? Am besten du sagst einfach nur »ou« (u) »wo« und dann sagst du das Monument oder den Platz wo du hin willst.« »Das klingt doch bescheuert«, wand Pollino ein. »Das ist doch völlig wurscht, Hauptsache du findest dich wieder zurecht! Wo liegt überhaupt euer Hotel?«, fragte Charlotte. Pollina erkundigte sich bei ihrer Mutter und nannte Charlotte den Namen und die Straße. »Na, so ein Zufall, das liegt direkt bei meiner Schule um die Ecke. Vielleicht könnt ihr mich ja mal abholen«, rief Charlotte. »Oh, gerne«, kam es da von den Geschwistern im Chor. »Wisst ihr, wie die U-Bahn heißt?« Charlotte war schon wieder bei der Liste. »Sie heißt Metro«, beantwortete sie selbst ihre Frage. »Metro fahren ist ganz einfach. Ihr kauft am besten gleich ein Fahrscheinheft mit 10 Karten.« Sie schrieb auf die Liste un carnet (Karnä). »Pro Fahrt, auch mit Umsteigen, braucht ihr nur ein Ticket. Bei den direkten Eingängen zu den Linien gibt es Barrieren und daneben stehen Geräte, wo man die Karte reinstecken und entwerten muss, sie kommt dann wieder raus und ihr könnt durch die Absperrung gehen. Wenn ihr es seht, wisst ihr bestimmt sofort wie es geht. Zur Orientierung müsst ihr immer schauen, an welcher Metrolinie euer Ziel liegt und wie die Endstation heißt. Danach richtet ihr euch. Ganz einfach. Eingang heißt entrée (ontre) oder accès (aksä). Ausgang sortie (sorti).« Die Kinder mussten ihre Arbeit unterbrechen, denn die Stewardess kam mit dem Getränkewagen und belegten Brötchen vorbei. »Ich glaube wir haben das Wichtigste«, meinte Charlotte. »Nein, du musst uns noch aufschreiben, was wir essen sollen. Wie hieß das vorhin das E-dingsdabums?«. Pollino war noch nicht zufrieden. »Gut, machen wir nach dem Essen.« Nachdem das Essen abgeräumt war, holte Charlotte ihren Block wieder hervor. »Ihr solltet natürlich unbedingt in eine französische Bäckerei gehen. Da riecht es ganz anders als in deutschen Bäckereien. Es wird auch ständig frisches Baguette (baget) gebacken. Das müsst ihr natürlich probieren. Es ist zu schade, dass ich wieder in die Schule muss, sonst könnten wir mal zusammen in die Bäckerei gehen«, seufzte Charlotte. »Sag doch bitte noch mal wie das heißt, was du so gerne isst?«, fragte Pollina nach. »Ach ja, ein éclair au chocolat, ein Schokoladenblitz«. Charlotte notierte in Klammern (Eklär o Schokola). Das ist ein längliches Gebäck mit einer Schokoladencreme drinnen, gibt's auch mit Vanille- oder Kaffeecreme. Aber wenn ihr was »Richtiges« essen wollt in einem Lokal, dann solltet ihr einen Croque-Monsieur bestellen.« Charlotte schrieb Krok Mesjö mit auf die Liste. »Das ist ein Schinken-Käse-Toast«, erklärte sie den Geschwistern. »Zum Trinken gibt's Orangina (Oranschina). Das ist Orangenlimonade in kleinen bauchigen Fläschchen.« Gerade als Charlotte das aufgeschrieben hatte, wurde der Landeanflug angekündigt und die Kinder mussten sich wieder anschnallen und die Tischchen vor sich hochklappen. Charlotte gab Pollino schnell die Liste. Dann schauten alle wie gebannt aus den Fenstern. »Ah, ich sehe den Eiffelturm«, rief Pollino fröhlich. »Bienvenue à Paris!«, kam es von Charlotte.

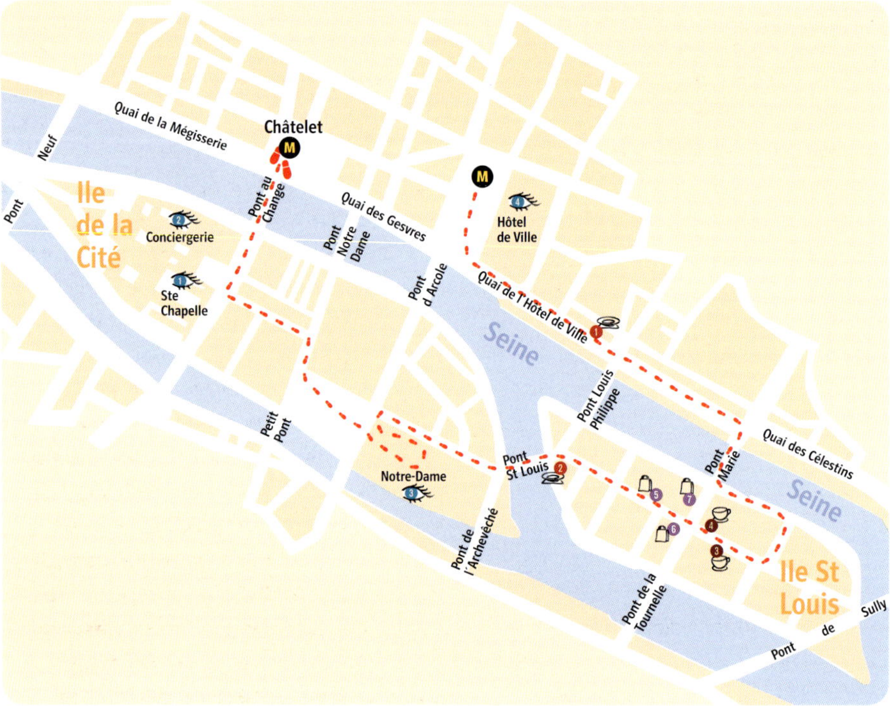

RESTAURANTS

1 Brasserie du Pont-Louis-Philippe
2 Le Flore en l'Ile

CAFÈS

3 Berthillon
4 La Charlotte de l'Isle

GESCHÄFTE

5 L'Arche de Noé
6 Pylônes
7 Bleu dans l'Ile

🥣 Bars und Leckereien

🍽 Restaurant

🛍 Einkaufen

1. Rundgang:
Das Herz der Stadt – Highlights an der Seine

Für diesen Rundgang empfiehlt es sich früh aufzustehen, um der langen Warteschlange vor der Sainte-Chapelle zu entgehen und um die farbigen Glasfenster der Kapelle bei gutem Licht zu sehen.

Eure Stadtbesichtigung beginnt auf der **Ile de la Cité**. Diese Insel ist das Herz der Stadt. Hier entstand Paris. Erst siedelten sich die Gallier, dann die Römer und nach ihnen die Franken auf dieser Flussinsel an. Aus diesen Epochen gibt es nur wenige Überreste. Erst aus dem Mittelalter sind Monumente erhalten geblieben: so die berühmte Kathedrale Notre-Dame und Teile des Königspalastes wie die Conciergerie und die Palastkapelle, die Sainte-Chapelle. Sie zeugen von der Verbindung religiöser und politischer Macht auf dieser Insel.

Ausgangspunkt für eure Besichtigung sind die **Metrostation Châtelet** und der gleichnamige Platz Châtelet. Vor euch liegt die breite Brücke **Pont au Change**. Auf ihr standen früher die Buden der Geldwechsler, daher kommt der Name (Change: Geldwechsel). Doch bevor ihr über sie hinüber geht, werft erstmal einen Blick auf die andere Flussseite. Man könnte fast meinen, hier sei die Seine sehr schmal und die Brücke führe auf das andere Ufer. Aber nein, hier handelt es sich um die Ile de la Cité, eine ziemlich große Insel, die heute mit jeweils vier Brücken mit dem Festland verbunden ist. Auf der rechten Seite seht ihr ein großes bräunliches Gebäude mit einem Eckturm und zwei Rundtürmen: Dies war ein Teil des früheren Königspalastes, die **Conciergerie**.

Blick auf die Conciergerie

Wenn ihr nach links schaut, seht ihr die zwei stumpfen Türme von Notre-Dame, der Bischofskirche von Paris. Ihr müsst euch die Ile de la Cité wie ein großes Schiff vorstellen, der Kapitän steht vorne (Königspalast) und hinten der Steuermann (Kirche). Hier befand sich die Altstadt von Paris mit sehr vielen engen Häuserzeilen. Diese wurden im 19. Jahrhundert wegen der schlechten Wohnverhältnisse abgerissen, nur die wichtigen Bauwerke blieben erhalten.

Wenn ihr nun auf die Insel geht, entdeckt ihr am Turm der Conciergerie eine große Uhr. Karl V. ließ sie hier 1370 als erste öffentliche Uhr anbringen. Sie hat einen blauen Grund, der mit goldenen Lilien geschmückt ist. Diese Lilien werdet ihr noch öfter sehen, denn sie sind das Zeichen der französischen Könige. Sie sind ein ungewöhnliches Herrschaftszeichen, wenn ihr daran denkt, dass sonst starke Tiere wie Löwen oder Adler gewählt

Wanduhr an der Conciergerie

wurden. Den französischen Monarchen reichte eine Blume.

Wenige Meter weiter kommt ihr zum Eingang der Conciergerie. Es empfiehlt sich, dort gleich eine gemeinsame Eintrittskarte für die Conciergerie und die Sainte-Chapelle zu kaufen, dann aber zuerst in die Sainte-Chapelle zu gehen. Nun müsst ihr nur noch den Hinweisschildern folgen. Den Eingang findet ihr im Hof des Palais de Justice (Justizpalast).

Sainte-Chapelle

Ihre Geschichte führt euch ins 13. Jahrhundert in die Regierungszeit Ludwig IX. Er war erst 12 Jahre alt, als sein Vater starb, und so übernahm vorerst seine Mutter Blanca von Kastilien die Regierung. Ludwig IX. zeichnete sich durch seinen starken Gerechtigkeitssinn und seinen tiefen Glauben aus. Er wurde später heilig gesprochen und ist daher besser bekannt unter dem Namen Ludwig der Heilige. Ihm gelang es, in Konstantinopel die Dornenkrone Christi zu erwerben. Später kaufte er auch noch ein Stück des Kreuzes, der Lanze und des Schwammes hinzu. Es war die Zeit der Kreuzzüge und diese Zeugnisse vom Tod Jesu galten als Wunder bringende Schätze. Mit diesen wertvollen Stücken untermauerte Ludwig IX. die Heiligkeit des Königtums und stärkte die Bedeutung Frankreichs.

Für diese kostbaren Reliquien *(s. Begriffserklärungen)* musste ein würdiger Ort geschaffen werden. So begann man 1242 mit dem Bau der Sainte-Chapelle innerhalb der Königsburg. Schon 1248 war dieser überdimensionale Reliquienschrein in Form einer ganzen Kirche fertig.

Sainte-Chapelle

Betrachtet zunächst die Hofkapelle von außen. Sie ist sehr schmal und hoch. Eine große Fensterrosette mit flammenartigen Formen ist oben zu sehen. Darunter gibt es im ersten Stock ein großes rechteckiges Eingangsportal. Das erscheint zunächst ungewöhnlich, denn darunter befindet sich der eigentliche Eingang mit einer Marienfigur. Hier wird schon deutlich, dass die Kapelle in zwei Bereiche eingeteilt war. Der untere Teil war für die Bediensteten des Palastes bestimmt. Der obere Teil war dem König und seiner Familie vorbehalten. Wenn ihr nun eintretet, gelangt ihr in eine Art niedrige Halle. Die Decke ist blau und mit goldenen Lilien bemalt, wie auch die seitlichen blauen Säulen. Das sind die Farbe und das Zeichen von Ludwig IX. Es gibt aber auch rote Säulen mit goldenen Türmen. Dies ist das Emblem von Blanca von Kastilien, seiner Mutter. Links führt seitlich eine kleine schmale Wendeltreppe in den ersten Stock. Hier oben ist die riesige rotgrüne Tür, durch die der König direkt in diesen Stock der Kapelle eintreten konnte.

Fällt euch das herrliche Licht in der Kapelle auf? Es ist eine Meisterleistung der gotischen Baukunst. Die Wände der Kirche sind fast vollständig durch 15 Meter hohe, bunte Glasfenster ersetzt. Auf ihnen ist die Bibel in über tausend Bildern dargestellt. Bei vielen handelt es sich noch um die Originalfassung aus dem 13. Jahrhundert. Das vor-

letzte Fenster auf der rechten Seite ist dem Buch der Könige gewidmet. Dort entdeckt ihr in der ersten Reihe von links in der zweiten Darstellung von unten David mit dem roten abgeschlagenen Kopf von Goliat. Betrachtet nun das letzte Fenster rechts. Dieses ganze Fenster stellt die Geschichte der Reliquien der Sainte-Chapelle dar. Könnt ihr zwei Männer mit nackten Füßen ausmachen, die eine rote Schatulle tragen? Sie befinden sich in der zweiten Reihe von rechts und im dritten Oval von unten. Das sind Ludwig IX. und sein Bruder, die die Reliquien tragen. Die Darstellung eines noch lebenden Königs auf einem Glasfenster ist zu dieser Zeit äußerst selten, zeigt sich doch Ludwig IX. als Nachfolger der biblischen Könige. Achtet auf die Farben dieses Fensters. Hier sind neue hinzugekommen: gelb, violett und dunkelgrün. Die Figuren wirken auch viel lebendiger. Dieser neue Stil des Fensters wird viele Nachahmungen finden, wie zum Beispiel bei den Fensterrosetten der Kathedrale Notre-Dame, die ihr später noch sehen werdet. Auch die Fensterrosette der Sainte-Chapelle ist spektakulär. In den flammenförmigen Glasstücken ist die Apokalypse, der Weltuntergang, illustriert. Sie stammt aus dem Ende des 15 Jhs., ist also viel später als die anderen Glasfenster entstanden. An der Stelle eines Altars steht hier eine feingliedrige, vergoldete Tribüne. Dort wurden die heiligen Reliquien aufbewahrt. Einmal im Jahr hat der König sie seinen Gefolgsleuten gezeigt. Die Schlüssel zu dem Schatzkästchen, es sollen zehn gewesen sein, trug er immer an einer Kette um den Hals bei sich. Die Kapelle selbst wurde streng bewacht. Während der Revolution 1789 wurde sie geplündert. Die Reliquien konnten aber in Sicherheit gebracht werden und befinden sich heute in der Schatzkammer der Kathedrale Notre-Dame.

Pollina und Pollino traten aus der Sainte-Chapelle und warteten im Hof auf ihre Eltern. Pollina hatte sich ein kleines Buch über die französischen Könige gekauft. »Na, dann kannst du jetzt ja richtig deinen Königsfimmel ausleben«, machte sich Pollino über seine Schwester lustig. Pollina überging die schnippische Bemerkung und schlug ihr Buch bei Ludwig dem Heiligen auf. Nach einer Weile fragte Pollina: »Rate mal, wie alt Blanca von Kastilien war, als sie mit Ludwig VIII., dem Vater von Ludwig dem Heiligen, verheiratet wurde?« »Keine Ahnung, vielleicht 18?« »Nein, stell dir vor, sie war erst 11 Jahre alt und ihr Mann 12«, antwortete

Pollina. »Als der König mit 39 Jahren starb, hatte sie schon elf Kinder geboren und war mit dem zwölften schwanger. Sie ließ ihren ältesten Sohn Ludwig mit 12 Jahren zum König krönen und übernahm die nächsten Jahre die Regentschaft. Das war gar nicht so einfach, denn sie war Spanierin und die französischen Fürsten sahen ihre Stunde gekommen und wollten dieser »Fremden« und ihrem jungen Sohn die Macht streitig machen. Aber Blanca von Kastilien war sehr geschickt und konnte den wichtigsten Fürsten für sich gewinnen.« »Oh Mann! Ich finde ja schon deine Vorliebe für Könige und Schlösser anstrengend, aber wenn es sich nun nur noch um Königinnen dreht, wird es echt mühsam«, stöhnte Pollino. »Schau, da kommen ja unsere Eltern. Lass uns weitergehen zur Conciergerie. Bei dem finsteren Bau hast du bestimmt nichts von Königinnen zu berichten.« »Ich fürchte doch«, kam es da von Pollina.

Conciergerie ②

Die Conciergerie war auch ein Teil des Königspalastes. Sie wurde 1298 erbaut. Ihr Name geht auf den mächtigen Hofintendanten, dem so genannten Concierge, zurück. »Cierge« heißt auf Französisch Kerze. Der Concierge war unter anderem für die Beleuchtung des Palastes zuständig. Aber er hatte noch andere wichtige Aufgaben. Er war für die Vermietung der Geschäfte des Palastes und die Rechtsprechung verantwortlich. Dieser Mann hatte also ein sehr wichtiges und einträgliches Amt inne. Wenn ihr nun die Innenräume besichtigt, erblickt ihr den größten mittelalterlichen Saal, die Salle des Gens d'Armes, den Saal der Waffenträger. Es handelt sich um einen riesigen Speisesaal, in dem an die 2000 Leute Platz fanden. Dort befinden sich vier große Kamine, die den Saal beheizten. 1358 kam es im Königspalast zu einem bewaffneten Überfall. Etienne Marcel, der Anführer der Kaufleute, und seine Anhänger stürmten in die Residenz des Königs und ermordeten zwei Berater. Es scheint daher sehr verständlich, dass der Kronprinz, der bei diesem schrecklichen Ereignis anwesend war, später als König Karl V. diesen Palast nicht mehr mochte, wegzog und sich einen Wohnsitz im Stadtviertel Marais sowie einen im Louvre einrichtete. So wurde aus dem Palast auf der Ile de la Cité ein königliches Verwaltungsgebäude und später ein Gefängnis.

Während der Französischen Revolution wurden die Angeklagten hierher gebracht. Daher rührt der schlechte Ruf dieses Gebäudes. Heute ist dort ein kleines Museum eingerichtet, wo ihr die drei verschiedenen Arten von Zellen, die es dort gegeben hat, sehen könnt. Die ärmsten Gefangenen wurden mit vielen anderen in einen Raum, dessen Boden mit Stroh bedeckt war, gepfercht. Wenn man es sich leisten konnte, mietete man sich eine Zelle. Dort war man zwar auch nicht alleine, doch man konnte wenigstens schlafen, denn es gab Betten. Nur sehr reiche und berühmte Gefangene bekamen eine Einzelzelle, in der sie auch lesen durften. Ihr könnt hier auch die nachgestellte Gefängniskammer der berühmtesten Gefangenen der Conciergerie sehen, Marie Antoinette. Da sie ständig von zwei Wachleuten beaufsichtigt wurde, ist ihre Zelle in zwei Bereiche geteilt, einen für die Gefangene und einen für die Wachen.

Pollina und Pollino waren den Orientierungspfeilen gefolgt und standen in einer Kapelle.

Blumenmarkt auf der Place Louis-Lépine

Nun ließ es sich Pollina nicht nehmen zu erzählen: »Marie Antoinette, die französische Königin, verlebte hier 1793 die letzten 77 Tage vor ihrer Enthauptung. Als sie zum Prozess geführt wurde, war die einstmals so strahlende, junge Königin nicht wieder zu erkennen, aus ihr war mit 38 Jahren eine alte grauhaarige Frau geworden. Ein krasserer Unterschied als zwischen dem feuchten, dunklen Verließ mit seinen dicken steinernen Mauern und vergitterten Fenstern und den behaglichen Gemächern von Marie Antoinette im Gartenschloss von Versailles lässt sich kaum denken. Im 19. Jahrhundert hat man ihr zu Ehren diese kleine Kapelle eingerichtet.«

Wenn ihr nun die Conciergerie verlasst, überquert ihr die Straße und kommt auf einen Platz. Hier gibt es jeden Tag einen Blumenmarkt und sonntags auch ein Vogelmarkt. Schaut euch ein bisschen dort um und geht weiter bis zur Kirche Notre-Dame.

Die Kathedrale Notre-Dame

Kathedrale Notre-Dame ③

Am Ende der Insel ragt das riesige Kirchengebäude Notre-Dame de Paris auf. Ihr könnt es praktisch nicht verfehlen. Heute sieht die Kathedrale wie ein großer beigefarbener Steinklotz aus. Aber ihr müsst euch vorstellen, dass sie im Mittelalter von engen Gassen umgeben und bunt geschmückt war. Sie stellte das Zentrum des damaligen Lebens dar. Es ging dort zu wie auf einem Jahrmarkt.

Bevor die Kathedrale gebaut wurde, standen hier schon zwei kleine Kirchen. Da sie klein und baufällig waren, entsprachen sie in keiner Weise der Bedeutung des Ortes. Der Bischof Maurice de Sully setzte sich mit ganzer Kraft dafür ein, dort ein wahrhaft großes Gotteshaus errichten zu lassen. Er konnte den tief gläubigen König Ludwig VII. für sein Anliegen gewinnen. Der Bau von Kathedralen entsprach dem damaligen Zeitgeist der Menschen, die sich damit für ihr Wohlergehen bei Gott bedanken wollten. Zudem ermöglichte eine neuartige Technik mit Kreuzrippengewölben eine ganz neue Bauweise. Dadurch konnten die Kathedralen viel höher gebaut werden und zudem in die Außenmauern große farbige Glasfenster eingelassen werden. Sie ersetzten als Schmuck die Mosaiken. Diesen Baustil nennt man Gotik *(s. Begriffserklärungen)*. Er ist in Frankreich entstanden und hat sich von hier über ganz Europa ausgebreitet.

Mit dem Bau von Notre-Dame ist 80 Jahre vor der Sainte-Chapelle begonnen worden. Ihr Grundstein wurde 1163 gelegt, doch erst

Darstellung von Adam und Eva am linken Portal von Notre-Dame

1345, 182 Jahre später, ist die Kathedrale endgültig fertig gestellt worden. Woran mag diese lange Bauzeit wohl gelegen haben? Geldmangel kann kaum der Grund gewesen sein. Nein, da es sich hier um eine Königskirche handelte, musste sie laufend verbessert werden. Bevor ihr aber das Ergebnis dieser frommen Bautätigkeit von innen bestaunt, lohnt es sich, einen genaueren Blick auf die Fassade zu werfen.

In die Kirche führen **drei Portale**, ein großes in der Mitte und zwei kleinere Seitenportale. In den Bögen der Portale findet sich reicher Skulpturenschmuck. Da sehr wenige Menschen zur damaligen Zeit lesen konnten, wurden mit den Skulpturen Geschichten aus der Bibel erzählt. Das rechte Portal ist das älteste und es wird Annenportal genannt. Dort erblickt ihr im untersten Feld Szenen aus dem Leben von Joachim und Anna, den Eltern von Maria. Der Fries darüber ist Maria gewidmet. Seht ihr die Geburt Jesu? Ochs und Esel halten ihre Köpfe über die Krippe mit dem Jesuskind. Im Bogenfeld thront Maria mit Jesus. Sie ist von zwei Engeln eingerahmt. Rechts daneben seht

»Das Jüngste Gericht« auf dem Mittelportal von Notre-Dame

lichen Figuren. Dort trägt eine Statue ihren eigenen Kopf in der Hand. Es ist der heilige Dionysius, der euch noch auf dem Montmartre begegnen wird.

Schaut euch nun das Mittelportal an. Was ist dort dargestellt? Das Jüngste Gericht. Unten seht ihr die Auferstehung, in der Mitte das Wiegen der Seelen. Darüber thront Jesus. Erkennt ihr, was der Teufel macht? Er versucht die Waagschale auf seine Seite zu bekommen, es gelingt ihm aber nicht.

ihr einen knienden König. Es ist wohl König Ludwig VII. Auf der linken Seite steht ein Bischof, wohl Maurice de Sully. Das sind die weltlichen und geistlichen Stifter der Kathedrale.

Das linke Portal hat die Jungfrau Maria zum Thema. Dort ist die Krönung Marias gezeigt. Auf dem Mittelpfosten steht eine Marienfigur mit dem Christuskind auf dem Arm. Auf dem Sockel zu ihren Füßen sind Adam und Eva dargestellt. Zwischen ihnen steht ein Baum, um den sich der Schwanz der Schlange gewunden hat. Aber wie sieht denn ihr Kopf aus? Es ist ja eine Engelsfigur. Nun noch einen letzten Blick auf die seit-

Über den Portalen befindet sich die Königsgalerie mit 28 Skulpturen der Könige Israels und Judäas. Es handelt sich aber nicht um die originalen Figuren. Denn der Zorn der Revolution *(s. Begriffserklärungen)* hat sich auch an ihnen entladen, und ihre Köpfe wurden abgeschlagen, da man sie für französische Könige hielt. 1977 wurden 21 dieser Köpfe bei Bauarbeiten entdeckt. Sie befinden sich heute im Musée national du Moyen-Âge.

Wenn ihr nun den **Kirchenraum** betretet, werdet ihr von seiner Größe überrascht sein. Wie mag erst sein Eindruck zur Zeit

Der Innenraum von Notre-Dame

Fensterrosette im linken
Querschiff von Notre-Dame

der Entstehung vor fast 700 Jahren gewesen sein? Die Grundfläche der Kathedrale ist nämlich größer als ein Fußballfeld. Sie ist 130 m lang, 48 m breit und 35 m hoch.

Besonders schön ist die nördliche Fensterrosette im linken Querschiffarm. Im Zentrum des Rundfensters ist Maria dargestellt, sie wird von 80 Figuren umgeben. Die beherrschende Farbe ist violett. Diese Farbe war von den Glasmalern der Sainte-Chapelle entdeckt worden und wurde hier übernommen. Der Durchmesser der Rose beträgt 12,90 m – sie ist die größte Fensterrosette der Welt.

Wenn ihr nun etwas weitergeht, schaut euch die Rückwand des Chorgestühls an. Hier befinden sich geschnitzte und bemalte

Reliefs, die die Geschichte Jesu erzählen. Sie sind in der Zeit von 1300–1318 entstanden. Sicherlich fällt euch gleich die grausame Szene des Kindermordes in Bethlehem auf. Herodes wird dazu von einem kleinen Teufel, der nahe bei seinem Ohr sitzt, angestachelt. Im folgenden Relief herrscht dagegen eine ganz andere Stimmung. Die Szene vermittelt Fürsorge. Josef führt den Esel und blickt zu Maria, die mit dem Jesuskind auf dem Schoß auf dem Esel sitzt. Da Jesus seiner Mutter zugewandt ist, sehen die beiden sich fröhlich an. Durch die Flucht nach Ägypten ist Jesus dem Kindermord entgangen.

Auf der gegenüberliegenden Seite sind die Erscheinungen Christi nach seiner Auferstehung dargestellt. Im Chor befindet sich als Altar eine Figurengruppe. Sie geht auf ein Versprechen Ludwig XIII. zurück. Er war seit 23 Jahren mit Anna von Österreich verheiratet, doch seine Ehe war bisher kinderlos geblieben. Er versprach, wenn er Vater würde, sein Land der Heiligen Jungfrau zu widmen und die Kathedrale Notre-Dame zu

»Flucht nach Ägypten«
Relief an der Rückwand des
Chorgestühls

Hauptaltar in Notre-Dame

verschönern. Siehe da, sein Wunsch wurde erhört und 1638 wurde sein Sohn Ludwig geboren. Ihr seht hier die Gottesmutter Maria mit dem Leichnam Jesus, umgeben von Ludwig XIII., der seine Krone übergibt und daneben seinen Sohn Ludwig XIV. Erst er hat das Versprechen seines Vaters eingelöst und den Chor von Notre-Dame renovieren lassen und diese Altarfiguren in Auftrag gegeben.

Pollina und Pollino suchten nach einem geeigneten Platz, um die Figurengruppe möglichst gut sehen zu können. »Anna von Österreich war übrigens auch Spanierin und regierte nach dem Tod von Ludwig XIII. für ihren Sohn Ludwig XIV., falls es dich interessiert«, erklärte Pollina.

Die Orgel von Notre-Dame ist riesig. Es ist eine der größten Orgeln Frankreichs. Die Kathedrale kann etwa 6000 Besucher aufnehmen. Hier haben sehr wichtige historische Ereignisse stattgefunden. Der zehnjährige englische König Heinrich VI. wurde hier 1431 zum König von Frankreich gekrönt. Napoleon krönte sich in Notre-Dame 1804 selbst zum Kaiser.

Der berühmte französische Schriftsteller Victor Hugo hat 1831 einen Roman über diese Kirche geschrieben, »Notre-Dame de Paris«, und hat damit viel zu ihrem Ruhm beigetragen. Sie war nämlich in der Zwischenzeit völlig in Vergessenheit geraten und verwahrlost. Durch den Roman wurde sie wiederentdeckt und daraufhin restauriert. Ihr kennt bestimmt die Geschichte des buckligen Glöckners Quasimodo, der sich in die schöne Esmeralda verliebt, aus dem Walt Disney Film »Der Glöckner von Notre-Dame«. Die Kathedrale ist dort ganz genau wiedergegeben. Bevor der Film gedreht wurde, waren viele der Zeichner in Paris und studierten dort Notre-Dame in allen Einzelheiten. Wenn ihr die Behausung von Quasimodo sehen wollt, müsst ihr die Kirche verlassen und euch zum Nordturm begeben.

Den **Nordturm** kann man besteigen. Es gilt allerdings 255 Stufen zu erklimmen. Dafür wird man mit einem phantastischen Blick über Paris belohnt. Über die Aussichtster-

rasse gelangt ihr auch in den Südturm. Dort könnt ihr die Kammer des Glöckners besichtigen. Wenn ihr noch etwas höher steigt, seht ihr die gigantische Glocke von Notre-Dame. Sie heißt Emmanuel und wiegt 13 Tonnen. Als sie noch von Hand geläutet wurde, waren dafür allein acht Männer notwendig.

Pollina und Pollino standen auf dem Platz vor der Kathedrale. Sie bemerkten, dass viele Menschen um eine, in den Boden eingelassene, Metallplatte herumstanden. »Was ist das«? fragte Pollina. »Das ist der Ausgangspunkt, von dem aus alle Entfernungen berechnet werden. Hier stehen wir also im Mittelpunkt von Paris. So wie in München die Mariensäule,« gab Pollino zur Antwort. »Und wer ist das?« Pollina deutete auf das Reiterstandbild. »Ach, das müsstest du doch wissen, das ist bestimmt ein König!« Pollina und Pollino traten näher an die Statue

heran. »Du hast recht, es ist sogar ein Kaiser: Karl der Große«, stellte Pollina überrascht fest. »Er hatte allerdings als Hauptstadt für das fränkische Reich Aachen gewählt.« »Pollina, ich kann nicht mehr! Ich brauche eine Pause«, seufzte Pollino.

Es bietet sich nun ein Spaziergang über die kleine angrenzende Insel an, die **Ile Saint-Louis**. Dazu geht ihr links an der Seite von Notre-Dame vorbei. Dann seht ihr schon die Insel Saint-Louis wie ein Beiboot hinter der Ile de la Cité liegen. Ihr braucht nur noch die Brücke zu überqueren und schon seid ihr da. Dort findet ihr in der Hauptstraße, Rue Saint-Louis-en-l'Ile, schöne Geschäfte und bei **Berthillon** das beste Eis von Paris. Nun könnt ihr ein bisschen über die Insel schlendern und euch auf den Weg zum Rathaus von Paris machen. Dazu geht ihr entweder über den Pont Marie oder den Pont Louis Philippe, um an den Quai de l'Hôtel de Ville zu kommen. Diese Uferstraße lauft ihr entlang bis das Rathaus, **Hôtel de Ville**, auf der rechten Seite zu sehen ist.

**Blick auf die Ile de la Cité
und die Brücke Pont Neuf**

Seine

Die Seine war für die Gründung und Ent-
wicklung der Stadt sehr wichtig. Da es sich
bei den ersten Bewohnern der Ile de la Cité
um Fischer handelte, stellte der Fluss ihre
Lebensgrundlage dar. Später erwies sich die
Seine als guter Handelsweg. Ratet mal, wie
viele Brücken es heute in Paris gibt? Es sind
37! Sie waren früher mit Häusern bebaut
und wichtige Treffpunkte. So ging man,
wenn man Geld wechseln wollte, auf die
Brücke au Change, die ihr ja schon kennt.
Heute haben die Brücken diese Funktion
verloren, sie dienen nur noch als Verbin-
dungswege. Die älteste Brücke ist der **Pont
Neuf** an der Spitze der Ile de la Cité. Sie
wurde »neue« Brücke genannt, weil sie als
erste nicht bebaut war. Sie verbindet die
Spitze der Insel mit den beiden Seineufern.

Von der Ile de la Cité aus hat sich die Stadt
ausgebreitet. Am linken Seineufer wurde
1257 die Universität gegründet. Auf der
rechten Seite ist das Handelszentrum entstanden. Seit dem 13. Jh. befindet sich das

Rathaus 4 von Paris hier. Es wurde
1871 während der Aufstände der Kommune
(s. *Begriffserklärungen*) niedergebrannt und
danach sofort wieder identisch in einem
nachgeahmten Renaissancestil aufgebaut.
Auf dem Platz davor fanden Feste statt, aber
auch öffentliche Hinrichtungen. Hier ver-
sammelten sich Leute, die Arbeit suchten.
Der Platz hieß früher Place de Grève. Heute
bedeutet »faire grève« streiken. Ihr streikt
hoffentlich noch nicht und freut euch auf
euer nächstes Ziel. Denn nachdem ihr nun
das Herz von Paris besichtigt habt, solltet ihr
einen Überblick über die gesamte Stadt
bekommen. Und wo könnte man das besser
als auf dem berühmten Wahrzeichen von
Paris: der Tour Eiffel, dem Eiffelturm, weiter
westlich an der Seine gelegen. Um dorthin
zu gelangen, nehmt ihr den Bus Nr. 72 Richtung Pont de Saint Cloud bis zur Haltestelle
Pont de Bir Hakeim. Mit der Metro fährt
man am besten bis zur Station Trocadéro.
Von hier geht man durch die Gartenanlage
Jardins du Trocadéro Richtung Seine und
überquert sie auf der Pont d'Iéna. Und schon
steht ihr vor der riesigen Eisenkonstruktion.

Das Rathaus
von Paris
»Hôtel de Ville«

Eiffelturm (Tour Eiffel)

Der Eiffelturm ist das Symbol von Paris und
ihr kennt ihn sicherlich von unzähligen
Abbildungen. Dennoch werdet ihr bestimmt
überrascht sein, wenn ihr direkt unter ihm
steht, denn seine Größe ist wirklich beeindruckend. Er wurde von 1887–1889 erbaut.
Zu dieser Zeit war er mit seinen 320 Metern
das höchste Bauwerk der Welt, sein vor-
nehmlicher Zweck war es, bei den Menschen Bewunderung hervorzurufen.
Es gibt zwei Möglichkeiten, um auf den
Eiffelturm zu gelangen: zu Fuß oder mit
Aufzügen. Über 1652 Stufen kommt man bis
auf die 2. Plattform. Die einfachere Variante
ist, die Aufzüge zu benützen. Es gibt sogar
einen, der von der 2. Plattform bis in die
Spitze des Eiffelturms führt, wo das nachge-
baute Büro des Erbauers Gustave Eiffel zu
besichtigen ist. Auch wenn der Eiffelturm
täglich bis in die Nacht hinein geöffnet ist,
im Hochsommer sogar bis nach Mitternacht,
stehen immer Schlangen von Besuchern an
den Kassen und Aufzügen an. Während ihr
warten müsst, könnt ihr hier die Bauge-
schichte des Eiffelturms nachlesen.

Für das Jahr 1889 war eine Weltausstellung
in Paris geplant. Diese Ausstellungen, die es
heute immer noch gibt, dienten dazu, dass
jedes Land seine neuesten Errungenschaf-
ten präsentieren konnte. 1889 war aber
zudem das Jahr des 100jährigen Jubiläums
der Französischen Revolution, daher war
Frankreich besonders daran gelegen, der
Welt etwas Außergewöhnliches zu zeigen.
Der Ingenieur Gustave Eiffel machte den
Vorschlag, mit einer Eisenkonstruktion einen

300 Meter hohen Turm zu errichten. Dieser
Plan wurde angenommen. Eiffel hatte vorher Brücken gebaut und war mit dem Mate-
rial Eisen vertraut, dessen Verwendung im
Bau damals ganz neu war. Mit Eisen konnte
man viel leichter konstruieren als mit Stein.
Für die enorme Höhe des Turmes war es
wichtig, dass er ein solides Fundament
bekam. Das war gar nicht so einfach, denn
der Eiffelturm sollte in unmittelbarer Nähe
der Seine aufragen. So mussten für die zur
Seite des Flusses stehenden Pfeiler 11 m in
die Tiefe gegraben werden, bis fester Grund
kam. Nachdem die vier Füße errichtet worden waren, wurden nun die vorgefertigten
Teile, wie ein riesiges Puzzle, aneinander
gesetzt und verschraubt. In nur zwei Jahren
war diese technische Meisterleistung voll-
bracht, der Eiffelturm war fertig. Schon
damals verfügte er über Aufzüge, die mit
Wasserkraft betrieben wurden.

Doch fand er nicht nur Bewunderer, sondern rief auch heftige Proteste hervor. So

wurde er als »scheußliche Metallsäule«, als »Skelett« und als »tragischer Lampenschirm« beschimpft. Doch der rege Besucherstrom auf der Weltausstellung ließ die Gegner langsam verstummen. Kommt euch der Name Eiffel nicht irgendwie bekannt vor? Etwa aus dem Erdkundeunterricht? Da liegt ihr genau richtig. Gustavs Eiffels Großvater stammte tatsächlich aus Deutschland und hieß ursprünglich Boenickhausen. Er ging nach Frankreich und legte diesen sehr deutschen und im Französischen schwierig auszusprechenden Namen ab und nannte sich nach seiner Heimat der Eifel, einer Gegend in Westdeutschland, fügte aber noch ein weiteres »f « hinzu. Im Französischen wird er Äffél ausgesprochen.

Mittlerweile dürftet ihr auf der zweiten Etage angekommen sein. Unter euch liegt ein Meer von grauen Häusern mit Zinkdächern. Doch aus dieser Masse stechen einige Gebäude heraus. Versucht erstmal die beiden stumpfen Türme von Notre-Dame zu finden. Habt ihr sie? So könnt ihr euch auch den Verlauf der Seine vorstellen, die ihr zunächst noch als breiten Fluss mit Brücken seht, die dann aber einen Bogen macht und im Häusermeer nicht mehr genau auszumachen ist. Von Notre-Dame lasst ihr eure Augen nach links wandern, bis ihr ein großes modernes, rechteckiges Gebäude seht: das ist das Centre Pompidou, ein Kulturzentrum. Noch weiter links auf einem Hügel liegt eine weiße Kirche: das ist Sacré-Cœur auf dem Montmartre. Und seht ihr den riesigen Gebäudekomplex am Ufer der Seine? Das ist der Louvre. Einst war er das größte Schloss der Welt und ist heute das

größte Museum. Nach einer Grünfläche fällt euch bestimmt ein Glaskuppeldach auf, es gehört zum Grand Palais, einem Ausstellungsgebäude. Etwas weiter links ragt der Triumphbogen auf.

Nach diesen auffallenden Bauwerken auf der einen Seite der Seine wendet ihr euch der anderen Flussseite zu. Fast zu euren Füßen könnt ihr einen ganz lang gezogenen Bau in schokoladenbraun ausmachen, das ist das neue Museum für außereuropäische Kunst, Musée Quai Branly. Etwas weiter die Seine entlang, kommt das Musée d'Orsay, das ursprünglich ein Bahnhof war, der zu einem Museum für die Kunst des 19. Jahrhunderts umgestaltet wurde. Eine große goldene Kuppel leuchtet rechts auf, sie gehört zum Invalidendom. Fast im Zentrum ragt der einzelne Turm der Kirche St-Germain-des-Prés auf. Sie ist eine der ältesten Kirchen von Paris. Nicht weit entfernt, entdeckt ihr die zwei runden Kirchtürme von St-Sulpice.

»Oh Mann,« stöhnte Pollino auf, »wenn wir uns das alles anschauen wollen, sind unsere Füße aber platt.« »Da hast du wahrscheinlich Recht, aber wir können uns ja die Monumente raussuchen, die uns wirklich interessieren«, beschwichtigte Pollina ihren Bruder. Pollino schaute auf seine Uhr. »Dann lass uns jetzt wieder runter fahren, dann können wir Charlotte von der Schule abholen. Eine französische Schule zu sehen interessiert mich nämlich sehr. Wie groß ist Paris eigentlich?« wollte Pollino auf dem Weg zu den Aufzügen wissen.

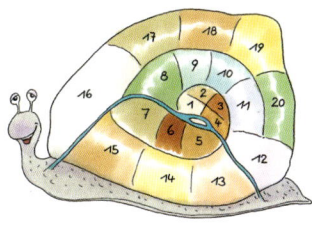

Heute zählt Paris etwa 2,1 Millionen Einwohner. Zur Orientierung ist Paris in Bezirke eingeteilt, die so genannten Arrondissements. Ganz einfach ist diese Einteilung aber nicht, denn sie verläuft in Form eines Schneckenhauses. Die Zählung beginnt mit der Ile de la Cité und dem umgebenden Viertel, dem ersten Arrondissement. Sie geht dann weiter bis zum 20. Arrondissement. Bei den Postleitzahlen von Paris werden diese Stadtviertel angezeigt. 75 steht für das Stadtgebiet von Paris und das Arrondissement wird angehängt: 75001 ist der erste Bezirk. 75 ist auch auf den Autoschildern die Zahl für Paris. Neben dieser Einteilung gibt es natürlich noch Namen für die einzelnen Viertel wie Quartier Latin, St Germain-des-Prés oder Marais.

Musée du Quai Branly

Unweit vom Eiffelturm an der Uferstraße liegt das neueste Museum von Paris. Es ist ein Völkerkundemuseum. Dass es aber nicht so ist wie andere Völkerkundemuseen, die ihr vielleicht schon besucht habt, zeigt sich auf den ersten Blick. Aus der Nähe betrachtet sieht es aus, als ob jemand mit einem modernen Baukasten gespielt hätte. Es gibt eine bewachsene Fassade, eine aus Glas und eine, die aus mit warmen Farben be-

malten Kästchen zusammengesetzt ist. Eine große Rolle spielt die Gartenanlage. In ein paar Jahren soll das Museum wie eine Insel im Grünen liegen.

Dieses Museum wird der Einfachheit halber nach seinem Standort am Quai Branly, Musée du Quai Branly, genannt. Es wurde von dem französischen Stararchitekten Jean Nouvel erbaut. Von ihm stammen noch zwei weitere öffentliche Gebäude in Paris: das Institut du Monde Arabe und die Fondation Cartier. In Berlin baute er das Kaufhaus Galeries Lafayette. Bei dem neuen Museumsbau in Paris stand er vor einer besonderen Aufgabe, denn hier sollte die Kunst der Völker aus Afrika, Asien, Amerika und Ozeanien ausgestellt werden. Für diese vier geografischen Gebiete wurde jeweils ein lang gezogener Ausstellungsbereich geschaffen. Die Kultgegenstände, Masken, Werkzeuge und Gewänder sind in einzelnen Boxen untergebracht. Oftmals wird die Ausstellung der Objekte von Musik untermalt und es gibt begleitende Filme oder Diaprojektionen. Ihr könnt hier in eine völlig andere Welt eintauchen und werdet euch wie auf einer Entdeckungsreise fühlen.

Bewachsene Fassade des Musée du Quai Branly

Schule

Pollina und Pollino bogen bei ihrem Hotel um die Ecke und fanden sofort Charlottes Schule. Es stand, wie Charlotte es ihnen beschrieben hatte, ein Pulk von wartenden Müttern und Kindermädchen vor dem Eingang. Sie brauchten auch nicht lange zu warten, da erschien Charlotte schon am Schultor. Aber wie anders sie aussah! Sie trug einen blauen Rock, eine hellblaue Bluse und blaue Lederschuhe. Auch ihre Haare waren zu einem Pferdeschwanz zusammen gebunden. Freude strahlend kam sie auf Pollina und Pollino zu: »Das finde ich ja nett, dass ihr mich wirklich abholen kommt! Wartet mal, ich frage gerade, ob ich euch kurz die Schule zeigen darf«.

Charlotte sprach mit der Aufseherin, die am Eingangstor stand und winkte dann die Geschwister zu sich. Pollina und Pollino kämpften sich durch die vielen Kinder, die aus der Schule strömten. Auf dem Weg zu ihrem Klassenzimmer zeigte Charlotte ihnen die verschiedenen Bereiche der Schule. »Also hier unten sind die Kleinen. Das ist die école maternelle. Die Kinder durchquerten einen gepflasterten Hof, um den mehrere Räume lagen, die wie Klassenzimmer aussahen, nur dass kleinere Schulbänke darin aufgereiht standen. »Das ist dann so was wie der Kindergarten. Aber wo spielen denn die Kinder? Hier gibt es ja keinen Sandkasten, kein Klettergerüst oder sonst was«, fragte Pollina. »Nein, hier hüpfen die Kinder Seil oder spielen Ball«. »Hier geht's zur Kantine, dem Schulrestaurant. Davon gibt es zwei. Eines für die Jüngeren, eines für die Älteren.« »Gehst du da jeden Tag hin«, wollte Pollino wissen. »Schmeckt denn das Essen?« »Es geht so. Ich gehe jeden Tag in die Kantine, außer ich bin bei einer

Freundin eingeladen. Denn für mich ist es zu weit um mittags nach Hause zu gehen«, erklärte Charlotte. »Das erste Wort, was ich in der Kantine gelernt habe ist: »beurk« (berk) »igitt«. Hier kommen jetzt die Klassenzimmer der école élémentaire, der Grundschule. In Frankreich gibt es fünf Grundschulklassen. Ich bin in der letzten Klasse, die CM2 oder septième heißt. Hier werden die Klassen abwärts gezählt. Die erste Klasse ist die 11., die zweite ist die 10. Und so weiter.« »Gibt es denn nur elf Klassen?«, erkundigte sich Pollina. »Nein, es gibt 12. Nur die letzte Klasse wird terminale genannt.«

Mittlerweile waren die Kinder in Charlottes Schulraum angekommen. »Sieht gar nicht viel anders aus als bei uns«, bemerkte Pollino. »Was ist denn das?« Er deutete auf einen lange Reihe von Garderobenhaken, an denen blaue Kittelschürzen hingen. »Ach, das sind tabliers, Kittel, die tragen wir während der Schule, damit wir uns nicht schmutzig machen. Wie ihr seht, darf ich auch nur blaue Sachen tragen und keine Turnschuhe. Denn ich bin hier in einer Privatschule, da ist das so. Privatschulen sind aber in Paris ganz normal, es gibt viele davon«, berichtet Charlotte.

Pollina sah auf ihre Uhr: »Oh, schon fast fünf Uhr! Pollino, wir müssen schleunigst zum Hotel, denn die Eltern warten dort auf uns. Wenn die wüssten, dass du freiwillig in eine französische Schule gegangen bist, Pollino, würden sie sich sicher sehr wundern.« »Ich muss auch schnell nach Hause, meine Mutter macht sich bestimmt schon Sorgen. Am Mittwoch habe ich immer um 12 Uhr Schule aus. Wenn ihr Zeit und Lust habt, zeige ich euch die Geschäfte hier in der Gegend.« »Au ja gerne«, riefen Pollina und Pollino. Die Kinder hatten die Schule verlassen und rannten eiligst davon. Die eine nach Hause, die anderen zum Hotel.

RESTAURANTS

1 Ladurée
2 Virgin Café
6 Universal Resto*
7 La Terrasse de Pomone
8 Chalet de Diane

GESCHÄFTE

3 Boutique PSG
4 Disney Store
5 Monoprix
11 Les enfants du musée*
12 Le Ciel est à tout le monde*
13 Nature et Découvertes*

CAFÉS

9 Häagen Dazs Café
10 Angelina

* im Carrousel du Louvre
  im unterirdischen
  Einkaufszentrum

2. Rundgang: Die große Achse – Vom Louvre zum Triumphbogen

Dieser Weg führt euch vom **Louvre (Metrostation Palais Royal/Musée du Louvre)** über die **Place de la Concorde** und die **Champs-Elysées** zum **Triumphbogen** (*Arc de Triomphe*). Ihr müsst also ziemlich viel laufen. Wem es zu anstrengend ist die ganzen Champs-Elysées entlang zu gehen, der kann auch einfach eine oder zwei Stationen mit der Metro fahren (Linie 1 Richtung La Defénse). Diese Besichtigungstour könnt ihr auch beim **Triumphbogen (Metrostation Charles de Gaulle Etoile)** beginnen. Das empfiehlt sich besonders an den Tagen, an denen der Louvre auch abends geöffnet hat, also mittwochs und freitags. Achtung, dienstags ist er geschlossen!

Pferdegespann auf dem kleinen Triumphbogen im Garten des Louvre

Louvre

Den gigantischen Komplex des Louvre konntet ihr schon vom Eiffelturm aus sehen. Er war die größte Königsresidenz der Welt und ist heute das größte Museum. An ihm wurde über Jahrhunderte gebaut. Findet ihr er sieht einladend aus? Am besten geht ihr in den großen Hof, dort werdet ihr die berühmte moderne Glaspyramide sehen.

Pollina und Pollino standen in dem weitläufigen Innenhof des Louvre. Während Pollino nur Augen für die ungewöhnliche Pyramide hatte, interessierte sich Pollina mehr für den »kleinen« Triumphbogen. »Schau, das ist der Triumphbogen, den Napoleon ganz nach römischem Vorbild verstehst sich, errichten ließ«, rief Pollina. Kannst du dich an die vier Pferde auf der Terrasse der Markuskirche in Venedig erinnern? »Natürlich, die großen Bronzepferde«, erwiderte Pollino. »Die hat Napoleon aus Venedig hierher bringen lassen als Dekoration für diesen Triumphbogen. Doch schon 1815 mussten die Pferde wieder an Venedig zurückgegeben werden«, berichtete Pollina. »Aber stammten sie nicht ursprünglich aus Griechenland, waren dann auf einem römischen Triumphbogen und wurden später nach Konstantinopel transportiert und sind von dort erst nach Venedig gekommen?«, fragte Pollino. »Stimmt, sie sind ganz schön durch die Welt gereist. Nichtsdestotrotz gehören sie nach Venedig«, bemerkte Pollina. »Komm, jetzt gehen wir in den Louvre«, drängte Pollino.

Die Gartenanlage der Tuilerien

Doch bevor ihr über die Rolltreppen in den unterirdischen Eingangsbereichs des Louvre abtaucht, lest euch noch schnell die Geschichte dieses einmaligen Bauwerks durch.

Geschichte

Wie ihr schon vom ersten Rundgang wisst, war der Königspalast zunächst auf der Ile de la Cité. König Philipp August (1165–1223) ließ eine Stadtmauer errichten, vor die am rechten Seineufer noch eine Festung gebaut wurde, um Paris zu sichern. An dieser Stelle befand sich wohl ein Hundezwinger mit Spürhunden, die speziell für die Jagd nach Wölfen abgerichtet waren. Denn zu dieser Zeit suchten bei großer Kälte Wölfe die Stadt heim. Wolf heißt auf Französisch

»loup« und so nannte man diese Festung Louvre. Dort wurden dann die Schatzkammer und die Archive und noch einiges mehr untergebracht.

Karl V. (1338–1380) ließ den Louvre zu einer Wohnburg umgestalten und verließ den alten königlichen Palast auf der Ile de la Cité. Der Louvre wurde in der folgenden Zeit oftmals umgebaut und den Wünschen des jeweiligen Königs angepasst. Katharina de Medici, die Frau von Heinrich II., gab den Bau eines Gartenschlosses und eines dazugehörigen Gartens in Auftrag. So wurde der Louvre mit dem Schloss Tuilerien abgeschlossen, an das eine Gartenanlage grenzte. Den Garten, der auch Tuilerien genannt wird, könnt ihr heute noch besuchen. Das Schloss dagegen wurde beim Aufstand der Pariser Kommune (s. Begriffserklärungen) 1871 niedergebrannt.

Ludwig XIV., der Sonnenkönig, lebte nicht sehr gern in der Stadt und ließ sich außerhalb von Paris in Versailles ein prächtiges Schloss bauen. 1682 zogen der König und der Hofstaat dorthin. Ein großer Teil der Gemäldesammlung blieb aber im Louvre zurück. So entwickelte sich der Louvre langsam zu einem Museum. Nach der Revolution 1789 wurde die königliche Sammlung 1791/92 verstaatlicht, das heißt sie gehörte nun nicht mehr der königlichen Familie, sondern dem Staat. 1793 wurden die Tore des Museums für das Volk geöffnet. Napoleon brachte von seinen Feldzügen reiche Beute für die Sammlung des Museums mit. Er zog sogar selbst in einen Flügel des Louvre ein. Viele der geraubten Kunstschätze kehrten wenige Jahre später in ihre Herkunftsländer zurück. Doch nicht alle. Seit dieser Zeit ist der Louvre also ein Museum – und was für ein riesiges!

Eine entscheidende Erneuerung des Louvre hat der französische Staatspräsident François Mitterand 1981 in Auftrag gegeben. Der Louvre sollte einen zentralen unterirdischen Eingangsbereich erhalten. Damit dieser nicht dunkel und finster ist, baute der Architekt Ieoh Ming Pei in den Hof des Louvre eine gigantische Glaspyramide, die diesen Eingang überdacht und mit Tageslicht versorgt. Es war ein sehr gewagtes Projekt, in diese Gruppe von alten Gebäuden eine moderne gläserne Konstruktion zu setzen. Mitterand hat man vorgeworfen, er halte sich für einen ägyptischen Pharao, da er sich eine Pyramide bauen lasse. Bei den Bauarbeiten hat man übrigens die Überreste des Turms der ursprünglichen Festung gefunden und einiges mehr. Diese Funde kann man zum Teil im unteren Geschoss des Louvre sehen. Nun könnt ihr über die Rolltreppe zum Eingang des Louvre hinunterfahren.

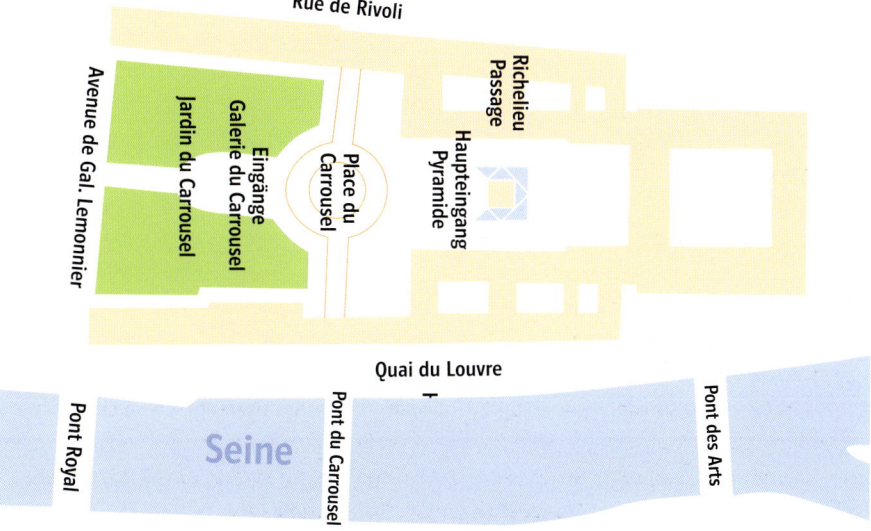

RUNDGÄNGE DURCH DIE SAMMLUNGEN

Leonardo
da Vinci
»Mona Lisa«
um 1503 – 1506

In der Eingangshalle erscheint der Louvre noch recht übersichtlich, denn es gibt nur die Wahl zwischen drei Flügeln: **Richelieu, Sully** und **Denon**. Am besten ihr besorgt euch gleich einen Übersichtsplan, da jeder Flügel aus mehreren Etagen besteht. Die Gemäldesammlung umfasst allein 10 000 Bilder. Damit ihr euch in diesem Labyrinth nicht verirrt, schlagen wir euch drei verschiedene Rundgänge vor. Der erste Besuch gilt nur einem einzigen Gemälde: der berühmten Mona Lisa von Leonardo da Vinci. Der zweite Rundgang zeigt euch ausgewählte Bilder der französischen Malerei. Der dritte führt euch durch die ägyptische Sammlung.

1. Mona Lisa

Wenn ihr dieses berühmte Gemälde des italienischen Malers Leonardo da Vinci anschauen möchtet, müsst ihr den Eingang Denon nehmen. Dann führen euch Hinweisschilder mit der Aufschrift »La Joconde«, so wird die Mona Lisa in Frankreich genannt, zu dem Bild. Vor kurzem wurden die Renovierungsarbeiten für den gesamten Raum abgeschlossen. Nun hat Leonardos Meisterwerk »Mona Lisa« eine ganze Wand für sich bekommen. Wo das Bild hängt, erkennt ihr an der Menschenansammlung, die sich immer davor befindet. Das Gemälde selbst ist nicht sehr groß und mit dickem Panzerglas versehen.

Wenn ihr euch endlich nach vorne durchgearbeitet habt, betrachtet erst einmal die geheimnisvoll lächelnde Dame in Ruhe. Mona Lisa sitzt auf einem Stuhl, von dem nur die Armlehne zu sehen ist. Auf dieser ruhen ihr Arm und beide Hände, die anmutig übereinander gelegt sind. Sie sehen ganz weich und glatt aus. Ebenso wie ihr Gesicht, auf dem sich trotz des Lächelns kein Fältchen zeigt. Fällt euch auf, dass sie keine Augenbrauen und Wimpern hat? Sie wirkt sehr schlicht und trägt keinerlei Schmuck. Nur ein leichter schwarzer Schleier ist über das braune Haar gebunden.

Bei der Dargestellten handelt es sich um eine junge Frau namens Lisa del Giocondo aus Florenz, die mit einem Seidenhändler verheiratet war. Leonardo hat mit ihrem Porträt wahrscheinlich 1503 begonnen. Er war damals 51 Jahre alt und schon ein berühmter Künstler. Als Leonardo drei Jahre später Florenz verließ, nahm er das Gemälde mit. Der französische König Franz I. berief Leonardo 1515 an seinen Hof. So gelangte die Mona Lisa 1517 nach Frankreich, wo sie später von Franz I. für seine Gemäldesammlung erworben wurde. Warum ist gerade dieses Bild so berühmt? Weil es so geheimnisvoll ist? Weil Leonardo nur wenige Gemälde geschaffen hat? Es lässt sich schwer eine Antwort finden.

Mit zum Ruhm dieses Bildes hat beigetragen, dass es 1911 aus dem Louvre gestohlen worden ist. Hohe Summen wurden für seine Wiederauffindung ausgesetzt. Zwei Jahre später tauchte es in Italien wieder auf. Ein Italiener, der als Glaser im Louvre gearbeitet hatte, hatte das Bild gestohlen, um es nach Italien zurückzubringen. Er dachte, Napoleon hätte dieses Gemälde geraubt. Schließlich konnte die Mona Lisa an ihren Platz im Louvre zurückgebracht werden. Das Bild strahlt trotz des Wirbels, der darum gemacht wird, eine große Ruhe aus. Diesen Eindruck werdet ihr bestimmt immer in Erinnerung behalten, wenn ihr es einmal im Original gesehen habt.

Im Louvre gibt es allein fünf Gemälde von Leonardo da Vinci. Diese Anzahl mag euch zunächst nicht sehr bedeutend erscheinen. Doch ihr müsst wissen, dass es von Leonardo insgesamt nur etwa 17 Gemälde gibt. Der junge französische König Franz I. ernannte Leonardo im hohen Alter zu seinem ersten Hofmaler. Er stellte ihm eine komfortable Wohnstätte in einem seiner Schlösser zur Verfügung und bezahlte ihn fürstlich. Leonardo durfte dafür machen was er wollte. Was konnte er sich besseres wünschen. Er starb dort 1519 und hinterließ seinem großen Gönner einige Werke, darunter die

Mona Lisa. So lässt sich erklären, warum sich gleich mehrere Gemälde Leonardos im Louvre befinden.

2. Französische Malerei

Der Louvre verfügt über eine riesige Abteilung mit Gemälden französischer Maler. Vielleicht interessieren euch besonders die Bilder, auf denen Kinder dargestellt sind. Für diesen Rundgang geht ihr zum Flügel Richelieu und fahrt mit dem Aufzug in den zweiten Stock. Dort befindet sich der Eingang zur Sammlung der französischen Gemälde. Ihr schlendert gleich bis zum **Raum Nr. 28**.

Dort findet ihr ein Gemälde von **Georges de La Tour** mit dem Titel »Saint Joseph charpentier« (»Der heilige Joseph als Zimmermann«), das um 1642 entstanden ist. Fast im Dunkeln ist der heilige Joseph tief in seine Arbeit versunken. Er kann ihr nur nachgehen, da Jesus ihm mit einer Kerze Licht macht. Jesus ist als kleiner Junge dargestellt, der heilige Joseph dagegen als alter Mann. Tiefe Falten durchziehen seine Stirn. Von seinem Gesicht lässt sich eine gewisse Besorgnis ablesen. Ob der Maler mit dem Holzstück, an dem der heilige Joseph gerade arbeitet, auf das Kreuz hindeuten wollte, an dem Jesus später stirbt? Das wäre möglich. Georges de La Tour war ein bekannter Maler seiner Zeit. Er wurde sogar auf den ausdrücklichen Wunsch von Ludwig XIII. zum königlichen Hofmaler ernannt. La Tour blieb dennoch in seinem Geburtsort in Lothringen wohnen. Aus Gerichtsakten der damaligen Zeit ist zu

erfahren, dass er ein hitzköpfiger Mann
gewesen sein muss, der oft in Streitereien
verwickelt war. Diesen Charakter würde
man bei der Betrachtung seiner Gemälde
nicht vermuten.

Ein weiteres Bild von ihm, »le tricheur«
(»Der Falschspieler«), befindet sich im gleichen Raum und zeigt drei Personen beim
Kartenspielen. Ihr werdet bestimmt sofort
den Falschspieler entdecken, der unter
seinem Gürtel auf dem Rücken Karten her-
vorzieht oder darunter steckt. Der junge
Mann rechts ist als einziger auf das Spiel
konzentriert. So stellt La Tour die drei Versu-
chungen dar, denen er ausgesetzt ist: Spiel,
Wein und Frauen.

Jean-Baptiste Siméon
Chardin »Das Tischgebet«
1740

Nun geht ihr in den nächsten Raum. Dort
hängt das große Bild einer Bauernfamilie
von **Louis Le Nain**. Wie viele Kinder hat
dieses Ehepaar? Wenn ihr keines im Hintergrund vergessen habt, müsst ihr sieben
Kinder gezählt haben. Sie tragen zwar keine
Schuhe, ihre Kleidung sieht etwas abgetra-
gen aus und der Topf auf dem Boden ist
leer, doch machen sie keineswegs einen
ärmlichen Eindruck. Von der Mutter, die ein
Glas Rotwein in der Hand hält und vom
Vater, dessen Arm einen Laib Brot um-
schließt, gehen Würde aus. In der Mitte des
Bildes steht ein Junge, der auf einer kleinen
Flöte spielt. Ist das eure Lieblingsfigur?
Oder mögt ihr lieber den kleinen Hund, der
rechts am Bildrand sitzt? Er passt eigentlich
gar nicht zur Bauernfamilie.

Im Raum 39 befindet sich das Porträt eines
Jungen, der an einem Schreibtisch steht:

»L'Enfant au toton« (»Das Kind mit dem
Kreisel«) von **Jean-Baptiste Siméon Chardin**, es wurde 1738 gemalt. Der Junge ist
sehr fein gekleidet und trägt eine Perücke
mit langem Pferdeschwanz und Schleife. Er
ist ganz in sein Spiel mit einem kleinen
Kreisel vertieft. Damals gab es nur sehr
wenige Kinderspielsachen. Erst von dieser
Zeit an schenkte man Kindern mehr Beachtung in der Gesellschaft. Der Maler dieses
Bildes war ein ungewöhnlicher Künstler,
denn er tat nicht das, was die anderen
Maler seiner Zeit machten. Er unternahm
keine Reisen und er malte keine Historien-
bilder. Dennoch hatte er Erfolg. Ein weiteres
Bild von ihm hängt in **Raum 40**, es heißt »Le
Bénédicité« (»Das Tischgebet«) und stammt
aus dem Jahr 1740. Zwei Mädchen sitzen an
einem runden Tisch, das kleinere auf einem

niedrigen Stühlchen hält die Hände gefaltet. Es blickt zu seiner Mutter, die ihm zugewandt am Tisch steht. Aufmunternd schaut sie die Kleine an. Wohlbehütet und geordnet stellt sich hier das Alltagsleben der Kinder dar. Im gleichen Raum befindet sich eine weitere Tischszene mit Kindern. »Le Déjeuner« (»Das Frühstück«) ist ein Jahr vor dem Bild »Das Tischgebet« entstanden und stammt von **François Boucher**. Das Essen jedoch sieht ganz anders aus. Auffallend ist allein schon der üppige Dekor des Zimmers. Zwei Damen haben sich an einem Tischchen niedergelassen. Ein kleines Kind sitzt auf dem Schoß der einen Dame, die andere wendet sich einem zweiten Kind zu, das seine schönen Spielsachen bringt. Ein Bediensteter serviert gerade heiße Schokolade oder Kaffee. Das waren neu eingeführte Getränke zur damaligen Zeit. Boucher hat hier wahrscheinlich ein Portrait seiner eigenen Familie gemalt. Sie wohnte nämlich im Louvre.

Zum Abschluss schaut ihr euch noch ein völlig anderes Gemälde an. Dazu müsst ihr einen Stock tiefer gehen in den **Saal 75**. Es handelt sich um ein riesiges Historienbild von **Jacques-Louis David**, das die berühmte Krönung Napoleons I. zeigt. Die zentralen Figuren des Bildes sind die kniende Josephine und Napoleon, der die goldene Kaiserkrone hochhält. Hinter Napoleon sitzt Papst Pius VII. Eigentlich wäre es seine Aufgabe gewesen, Napoleon und seine Frau Josephine zu krönen. Doch Napoleon hatte ihm nur die Rolle zugedacht, die Krone zu segnen. Schon der Titel des Werkes » Sacre de Napoléon I. à Notre-Dame de Paris« (»Die Krönung Napoleons in Notre-Dame in Paris«) soll glauben machen, dass es sich bei dieser Darstellung um die Wiedergabe der tatsächlichen Krönung handelt. Doch das stimmt nicht ganz. Denn David hat auf Wunsch Napoleons dessen Mutter, die bei der Zeremonie nicht dabei war, in den ersten Rang der Tribüne hinzugefügt.

Auf den roten Samtmänteln von Napoleon und Josephine sind goldene Zeichen aufgestickt. Auf den ersten Blick könnte man meinen, es handele sich um Lilien, das Emblem der französischen Könige. Aber das wäre ja wohl schlecht möglich. Nein, es sind Bienen. Napoleon hat die Biene, die für die Arbeit steht, und den Adler für Macht und Stärke als seine Zeichen gewählt. Seine gesamte Familie hatte er in seine Herr-

**Jaques-Louis David
»Krönung Napoleons«
1806 – 1807**

schaft miteinbezogen. So verheiratete er seinen Bruder Louis mit der Tochter von Josephine aus deren erster Ehe. Sie hieß Hortense de Beauharnais, ihr könnt sie auf dem Gemälde entdecken, die zweite von rechts in der Reihe der fünf weiß gekleideten Damen. Sie hält ihren kleinen zweijährigen Sohn Charles-Napoléon an der Hand.

Pollina und Pollino betrachteten das riesige Gemälde aufmerksam. »Da sehe ich ja den Jungen. Das wird anstrengend gewesen sein, mit zwei Jahren so lange ruhig zu stehen«, bemerkte Pollina. »Siehst du etwas, was genau zeigt, dass die Krönung in Notre-Dame stattgefunden hat?«, fragte Pollino auf einmal. Nachdem Pollina nach längerem Suchen nichts entdecken konnte, sagte Pollino: »Ich gebe dir noch einen Tipp, es befindet sich am rechten Bildrand.« »Ah ja, jetzt habe ich es gefunden, da sieht man einen Teil der weißen Marmorfiguren des Altars.« »Bravo«, sagte Pollino. »Wenn das ein Quiz gewesen wäre, hättest du aber bestimmt nicht gewonnen, wegen Zeitüberschreitung!«

3. Die ägyptische Sammlung

Der Louvre verfügt über eine der reichsten Sammlungen ägyptischer Kunst, sodass sie auf zwei Ausstellungen verteilt sind. Die eine ist zeitlich, die andere thematisch geordnet. Zur Einführung in die alte Kultur der Ägypter empfiehlt sich die Anordnung nach Themen wie Haus, Schrift und Tempel. Hierzu nehmt ihr unter der Pyramide den Eingang Sully. Ihr kommt dabei an den

Ausgrabungen des mittelalterlichen Louvre mit seinen dicken Steinmauern vorbei. In der ägyptischen Sammlung empfängt euch eine große Sphinx. Sie besteht aus einem Löwenkörper und einem Pharaonenkopf. Sphinxe dienten als steinerne Wächter auf dem Weg zum Tempeleingang. Seht ihr die ausgefahrenen Krallen? Sie ist bereit zum Absprung, um den Pharao, den König und Gott der Ägypter, zu verteidigen. Nach diesem würdigen Empfang beginnt der eigentliche Rundgang.

Der erste Raum ist der besonderen geographischen Lage des Landes gewidmet. Der 6700 km lange Fluss Nil bestimmte das Leben in Ägypten. Jedes Jahr gab es große Überschwemmungen. Die Menschen nützten das Wasser, um das Land zu bebauen und fruchtbar zu machen. Alle wichtigen Transporte fanden auf dem Wasserweg statt. Das kleine Holzboot mit seinen Ruderern ist eine Grabbeigabe. Die Ägypter glaubten an ein Leben nach dem Tod. Auf dem Schiffchen sitzt eine Figur unter einem Sonnendach mit einer Blume in der Hand.

Von mehreren Dienern wird das Boot gerudert. Diese Beigabe sollte ihrem Besitzer auch nach dem Tod angenehme Fahrten sichern.

Im nächsten Raum stoßt ihr auf eine Art Kapelle, die über Gräbern wichtiger Persönlichkeiten errichtet wurde. Hier konnten Familie und Priester den Verstorbenen besuchen. Sehr beunruhigt waren die Ägypter von dem Gedanken, die Verstorbenen könnten Hunger oder Durst leiden. Daher gab man ihnen Grabbeigaben mit. Später wurden sie durch Holzstatuetten, die Esswaren trugen, ersetzt.

Wovon die Ägypter sich ernährten, zeigt der nächste Raum. Ihr werdet wenig überrascht sein, dass sie hauptsächlich Brot und Gemüse aßen. Sie hielten sich auch Katzen als Haustiere.

Im nächsten Saal seht ihr lauter Objekte, die sich um das Thema Schrift drehen. Es gab in Ägypten den Beruf des Schreibers. Anders als die einfachen Bauern führten sie ein angenehmeres Leben. Die Schreiber führten ihre Arbeit im Sitzen aus. Die ägyptische Schrift setzt sich aus Bild- und Lautzeichen zusammen. Man nennt sie Hieroglyphen *(s. Begriffserklärungen)*. Lange Zeit konnte man diese Schrift nicht mehr entziffern. Erst 1822 gelang es dem französischen Gelehrten Champollion diese zu entschlüsseln.

In den folgenden Räumen sind Kunsthandwerk und Möbel ausgestellt. Besonders interessant sind die Gegenstände, die die Ägypter zur Schönheitspflege benutzten. In kleinen Gefäßen in Form von Gottheiten bewahrten sie Khol auf. Mit diesem schwarzen Puder schminkten sich Frauen und Männer die Augenlieder. Die Männer trugen wie die Frauen Schmuck. In Raum 10 sind Musikinstrumente und Spiele zu bestaunen. Musik spielte eine wichtige Rolle im ägyptischen Leben.

Der nächste Teil der Ausstellung ist den religiösen Gepflogenheiten der Ägypter gewidmet. Hier könnt ihr anhand einer Nachstellung mit Fotos sehen, wie der Zugang zum Tempel von Sphinxen bewacht war. Direkt am Eingangstor standen zwei Obelisken mit vergoldeten Spitzen. Der Sockel eines der Obelisken ist hier zu sehen. Er besteht aus vier riesigen sitzenden Affen. Na, wie wäre es mit einem Foto?

Den Obelisken selbst konnte man schwerlich in den Louvre bringen. Aber ein bisschen Geduld, ihr werdet ihn noch zu sehen bekommen. Wenn ihr bisher dachtet, dass die Ägypter euch gar nicht so fremd sind, dann werdet ihr hier wahrscheinlich eure Meinung ändern müssen. Wie ihr ja schon wisst, glaubten sie an ein Leben nach dem Tod. Daher war es für sie ganz wichtig, den Körper so gut wie nur möglich zu erhalten. Sie entwickelten dazu bestimmte Techniken. Wie gut ihnen das gelungen ist, könnt ihr hier an einigen Mumien sehen. Eine Besonderheit ist auch, dass sie ihre Särge, so genannte Sarkophage, in Körperform anfertigten und bemalten. Die Toten wurden, auf eine Seite gelehnt, in den Sarg gelegt. In **Raum 14** ist in Vitrine 6 ein beson-

net wurde. Mitten in Paris zwischen Louvre und Place de la Concorde ist er eine richtig grüne Oase. Für Kinder gibt es einen Spielplatz und Ponyreiten. Ihr könnt auch Segelboote ausleihen, um sie in dem großen Wasserbecken fahren zu lassen. Hier findet im Sommer vom 21. Juni–25. August ein großes Volksfest statt. Das Riesenrad ist schon von weitem zu sehen.

Den seitlichen Abschluss der Tuilieren stellen zwei kleinere Gebäude dar. Rechts steht das **Jeu de Paume**. Es ist 1861 von Napoleon III. als Ballspielhaus für den Kronprinzen errichtet worden.

ders schöner Sarkophag ausgestellt. Entdeckt ihr das aufgemalte Auge? Dieses magische Auge sollte dazu dienen, dass der Tote das Leben draußen beobachten konnte. Nach so vielen Sarkophagen seid ihr vielleicht froh, den Louvre wieder verlassen zu können. Aber ihr werdet später noch mal einem ägyptischen Monument begegnen. Nehmt wieder die große Rolltreppe, die zur Pyramide hinaufführt. Hier seid ihr wieder beim Ausgangspunkt angekommen. Nun könnt ihr durch den kleinen Triumphbogen gehen, und gelangt auf direktem Weg in die königliche Gartenanlage.

Tuilerien

Hier befand sich früher eine Ziegelei, in der mit der mit aus dem Seineufer gewonnenen Tonerde Ziegel gebrannt wurden. Auf Französisch heißt Ziegelei »Tuilerie«, daher kommt der Name Tuilerien. Es war der erste Park in Paris, der für die Bevölkerung geöff-

»Wer war noch mal Napoleon III.?«, fragte Pollino. »Das war ein Neffe von Napoleon. Ein Sohn von Napoleons Bruder Louis und dessen Frau Hortense, die die Tochter von Josephine aus erster Ehe war. Nach dem Sturz Napoleons I. musste er als kleiner Junge mit seinen Eltern aus Frankreich fliehen. Er ist dann in Augsburg zur Schule gegangen. Er träumte aber immer davon in die Fußstapfen seines Onkels zu treten. Es gelang ihm dann schließlich, 1848 zum französischen Präsidenten gewählt zu werden. Er nutzte allerdings seine Macht und ließ sich zum Kaiser krönen. Deshalb nennt man diese Zeit das Zweite Kaiserreich.«
»Woher weißt du denn das alles?«, fragte Pollino. »Ach, das habe ich in einem von Mamas Krimis gelesen.« »In einem Krimi?« ungläubig sah Pollino seine Schwester an. »Und weißt du was, Napoleon III. soll besser Deutsch als Französisch gesprochen haben!« »Kein Wunder, wenn er in Deutschland zur Schule gegangen ist.«

Links befindet sich die **Orangerie**, in der eine Gemäldesammlung untergebracht ist. Dort hängen die riesigen, wunderschönen Seerosenbilder von Claude Monet. Er hat sie während des Ersten Weltkrieges gemalt und sie als seinen Beitrag zum Krieg dem französischen Staat gestiftet. Wenn ihr nun durch die Tuilerien geschlendert seid, steht ihr auf der Place de la Concorde. Dies ist der größte Platz von Paris.

Place de la Concorde

Auf den ersten Blick werdet ihr vielleicht sagen, das ist doch überhaupt kein richtiger Platz, sondern eher ein Verkehrschaos. Es stimmt, der Autoverkehr ist enorm. Das Ungewöhnliche ist seine Geschichte.

Die Stadt Paris hatte die Idee, König Ludwig XV. ein Geschenk zu machen, und zwar eine große Reiterstatue von ihm. Dafür musste

Place de la Concorde

aber extra ein Platz geschaffen werden – die Place de la Concorde. Er hieß allerdings bei seiner Einweihung 1763 Place Louis XV. Dort fanden etliche schöne Feste statt. Doch während der Revolution *(s. Begriffser-klärungen)* änderte sich der Status der Könige völlig. Das Volk wollte weder einen König noch die Erinnerung an vormalige Regenten und deshalb wurde alles, was irgendwie damit in Verbindung stand, zer-stört. Hier auf diesem Platz stellte man die

Guillotine auf, die Enthauptungen waren ein großes Spektakel. Unter den etwa 1300 Personen, die hier öffentlich hingerichtet wurden, waren auch König Ludwig XVI. und seine Gemahlin Marie Antoinette. Nach dieser schrecklichen Zeit erhielt der Platz 1795 einen neuen Namen: Place de la Concorde *(Platz der Eintracht)*.

Im 19. Jahrhundert wurde ein Architekt beauftragt, den Platz neu zu gestalten. Er entwarf zwei **Brunnen** nach dem Vorbildern auf dem Petersplatz in Rom. In der Mitte sollte jedoch ein neutrales Monument stehen. Und ratet mal was er auswählte? Einen ägyptischen Obelisken. Der ägyptische Vize-König hatte diesen 1831 Frankreich geschenkt, weil es dem französischen Wissenschaftler Champollion gelungen war, die alte ägyptische Zeichenschrift der Hieroglyphen *(s. Begriffserklärungen)* zu entschlüsseln. Der **Obelisk** ist 1250 v. Chr. geschaffen worden. Er stammt aus dem Tempel Ramses II. in Theben, dessen Geschichte auf den vier Seiten des Obelisken eingemeißelt ist.

Die Mumie von Ramses II. befindet sich in Kairo im ägyptischen Museum. Doch ihr Zustand war so schlecht, dass man 1976 beschloss, sie zu einer Restaurierung zu Spezialisten nach Paris in den Louvre zu schicken. Ihr könnt euch vielleicht vorstellen, wie stolz die Franzosen waren, als dieser berühmte Pharao, wenn auch als Mumie, zu ihnen geflogen wurde. Deshalb bekam er am Flughafen einen würdigen Empfang und wurde mit einer Polizeieskorte sogar extra über die Place de la Concorde und um den Obelisken gefahren. Die Restaurierung brachte interessante Neuigkeiten zu Tage: Ramses II. hatte rote Haare und starb im hohen Alter von etwa 85 Jahren.

Ihr geht nun, leider ohne Polizeieskorte, geradeaus weiter auf die Champs-Elysées, die berühmte große Prachtstraße von Paris.

Champs-Elysées 4

Die Champs-Elysées, »die Felder der Seligen«, habt ihr bestimmt schon im Fernsehen gesehen, denn hier ist die Zieleinfahrt der Tour de France, dem weltberühmten Fahrradrennen. Auch wenn die französische Nationalmannschaft ein Fußballspiel gewinnt, wird hier gefeiert. Riesige Geschäfte, Kinopaläste und Restaurants säumen den berühmten Straßenzug. In einem weithin bekannten Song von Joe Dassin heißt es: *»Aux Champs-Elysées, aux Champs-Elysées Au soleil, sous la pluie, à midi ou à minuit Il y a tout ce que vous voulez aux Champs-Elysées«.*

Schriftzeichen auf dem Obelisk auf der Place de la Concorde

»Auf den Champs–Elysées, bei Sonne, bei Regen, am Mittag oder Mitternacht, es gibt alles, was ihr wollt auf den Champs–Elysées«. So lautet der Refrain, und dies trifft heute immer noch zu. Ihr befindet euch hier sozusagen im Paradies, im Shoppingparadies.

Typisches
Straßenschild
von Paris

Auf eurem Weg kommt ihr rechts an der rückwärtigen Gartenseite des Sitzes des französischen Staatspräsidenten vorbei, dem **Elyséepalast**. Am 14. Juli, dem französischen Nationalfeiertag, findet hier eine große Militärparade statt, die am Präsidenten vorbeizieht. Links seht ihr die Museums- und Ausstellungsgebäude **Petit Palais** und **Grand Palais**. Sie wurden zur Weltausstellung im Jahr 1900 errichtet. Wer nun keine Lust hat, die 2 km bis zum Triumpgbogen zu laufen und überhaupt nicht an Geschäften interessiert ist, der sollte einen letzten Blick auf die großartige Straßenachse werfen und dann die Metro *(Linie Nr.1 Richtung La Défense bis zur Station Charles de Gaulle Etoile)* nehmen.

Die eigentliche Bebauung der Champs–Elysées begann erst im 19. Jh. und schon bald zählte der Straßenzug zu den begehrten Adressen der Stadt. Heute sind es die großen Firmen und Fluggesellschaften, die hier ihre Niederlassungen haben. So hat die Autofirma Renault hier einen Schauraum, in dem man die neuesten Modelle bewundern kann. Und auch der Pariser Fußballclub St-Germain, PSG genannt, ist mit einem Fangeschäft vertreten.

Champs-Elysées

Champs-Elysées mit Triumphbogen

Triumphbogen (Arc de Triomphe) 5

Nur wegen diesem Geschäft hatte sich Pollino breitschlagen lassen, nicht die Metro zu nehmen. »Ist zwar kein doller Verein, aber Fußball ist Fußball«, meinte Pollino. »Wie, kein doller Verein?« Die Franzosen sind doch super im Fußball!«, entrüstete sich Pollina. »Ja schon, aber bei uns hat Berlin auch nicht die beste Mannschaft. Komm, lass uns hineingehen!«

Wenn ihr am Ende der Champs–Elysées angekommen seid, seht ihr den wuchtigen Triumphbogen schon ziemlich nah, es trennt euch nur noch der wilde Kreisverkehr, der um diesen Platz Tag und Nacht tobt. Aber keine Angst, es gibt rechter Hand eine Fußgängerunterführung.

Bei dem Triumphbogen handelt es sich um eine Nachahmung des römischen Titus-bogens, er ist nur viel größer und wuchtiger als sein Vorbild. Napoleon hatte ihn 1806 nach der Schlacht von Austerlitz in Auftrag gegeben. Es sollte ein riesiger Triumph-bogen für seine Armee werden, doch wurde sie 1815 geschlagen und Napoleon in die Verbannung geschickt. Dort starb er 1821, während der Triumphbogen erst 1836 fertig wurde. Er ist 50 m hoch und 45 m breit und geschmückt mit Skulpturenreliefs, die militärische Themen darstellen. Das bekanntes-te Relief seht ihr, von den Champs-Elysées kommend, auf der rechten Seite. Es zeigt eine Episode während der Revolution, den Auszug der Freiwilligen, die von einer geflügelten Frauengestalt angefeuert werden. Nach ihr wird die Skulpturengruppe auch »La Marseillaise«, wie die französische Nationalhymne, genannt.

Triumphbogen

1841 wurden die Gebeine Napoleons, nach langen Verhandlungen mit England, von der Insel St. Helena nach Paris gebracht. Feierlich wurde der Sarkophag durch den Triumphbogen getragen und über die Champs-Elysées zum Invalidendom gebracht, wo man Napoleon eine Grabstätte errichtet hatte.

1920 wurde in der Mitte unter dem Triumphbogen der Sarg eines unbekannten Soldaten beigesetzt, zur Erinnerung an die vielen gefallenen Soldaten des Ersten Weltkrieges. Darüber hat man später ein Kanonenrohr in den Boden eingelassen, aus dem eine Flamme aufleuchtet, die jeden Abend um 18.30 Uhr erneuert wird. Dieses Ritual wurde selbst während des Zweiten Weltkrieges nicht unterbrochen, als Paris von den Deutschen besetzt war. Wisst ihr, wo in Deutschland dem unbekannten Soldaten gedacht wird? In Berlin, an der Neuen Wache.

Den Triumphbogen könnt ihr auch besteigen, von dort oben seht ihr besonders gut die Anlage des Platzes. Von der Place Charles de Gaulle gehen sternförmig 12 große Straßen ab. Es ist der größte Verkehrskreisel Europas. Wenn ihr auf die Champs-Elysées blickt, könnt ihr bis zum Louvre schauen.

In der entgegengesetzten Richtung seht ihr einen ganz modernen, riesigen Torbogen, **la Grande Arche** *(das heißt nicht der dicke Hintern, sondern der große Bogen!)*. Hierbei handelt es sich um ein Bürogebäude. Bevor der Triumphbogen errichtet wurde, hatte ein Architekt den Vorschlag gemacht, auf diesem Hügel einen riesigen Elefanten zu bauen, in dessen Bauch ein Restaurant untergebracht werden sollte. Diese Idee wurde zwar nicht verwirklicht, aber hat der Triumphbogen nicht auch etwas von einem Elefanten?

Geschäfte

Am Mittwoch warteten Pollina und Pollino auf Charlotte mittags vor der Schule. Als sie mit einer Gruppe von Mädchen auftauchte, winkte ihr Pollina. »Salut! Schön, dass ihr gekommen seid. Meine Mutter hat vorgestern ziemlich geschimpft, weil ich so spät heim gekommen bin. So war es auch nicht einfach sie zu überzeugen, dass ich heute mit euch zusammenbleiben darf. Aber schließlich hat's geklappt. Sie hat mir sogar Geld gegeben, damit ich euch einladen kann. Was ich neulich völlig vergessen habe zu fragen: wie war es eigentlich auf dem Eiffelturm?«, sprudelte es aus Charlotte heraus. »Klasse! Ich fand die Aufzüge super«, antwortete Pollino. »Unsere Eltern wollten uns heute auch nur ungern weglassen. Wir haben ihnen aber dennoch zwei Stunden abgerungen.« »Prima. Dann gehen wir am besten in eine Bäckerei, wo es auch Tische gibt. Mann, habe ich Hunger«, sagte Charlotte. Die Kinder setzten sich in Bewegung. »Ich wollte dich auch noch fragen, wie es hier mit der Schule weitergeht. Du hattest doch erzählt, dass du in der letzten Klasse der Grundschule bist. Ist die bei euch auch so schwer und wichtig, weil von ihr der Übertritt in die höhere Schule abhängt?«, erkundigte sich Pollina. »Nein, bei uns geht es einfach weiter mit dem collège. Das dauert noch mal vier Jahre. Am Ende des vierten Jahres macht man dann eine Prüfung. Danach kann man noch drei Jahre auf's lycée gehen und dann macht man sein bac, sein Abitur. Oder man wechselt nach dem collège gleich in eine Ausbildung«, erklärte Charlotte.

Die Kinder waren in der Bäckerei angekommen und stellten sich in die Schlange vor dem Verkaufstresen. Charlotte zeigte auf die Auslage: »Schaut, das sind éclairs au chocolat, von denen ich euch erzählt habe, und das ist ein Kuchen, der heißt

Paris-Brest, nach einem Radrennen, daher ist er auch in Rad-
form. Die dunklen Kuchenschnitten heißen Opéra und die dort
Forêt-noire.« »Ach, wie bei uns Schwarzwälderkirschtorte,«
bemerkte Pollina. »Was wollt ihr für ein Sandwich?«, fragte
Charlotte, denn sie waren schon fast an der Reihe. »Hier kann
man auswählen.« In einer Reihe lagen halbierte Baguettes mit
unterschiedlichem Belag. Schließlich nahmen alle drei ein
Schinkenkäsesandwich. Charlotte übernahm die Bestellung
und Bezahlung. Dann setzten sie sich an einen kleinen Tisch,
der gerade frei geworden war. Charlotte legte beiden ein längliches, in Papier eingewickeltes Bonbon hin. »Als Erinnerung.
Das sind Carambars, Karamellstangen. Auf der Innenseite
im Papier stehen Witze, also nicht wegwerfen«, erklärte sie.
»Vielen Dank! Da haben wir ja ein lustiges Andenken«, sagte
Pollina.

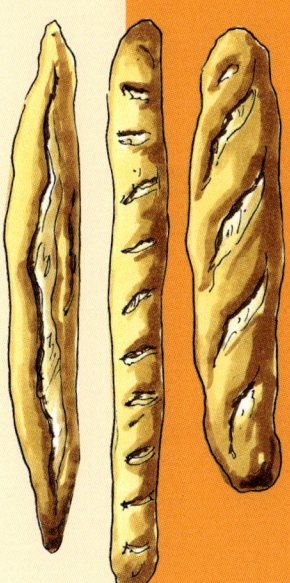

»Wieso ist es hier denn so voll um diese
Uhrzeit?«, wollte Pollino wissen. »Jetzt
ist Mittagsessenszeit, und da brauchen
alle frisches Baguette. Denn in Frankreich wird zu jeder Mahlzeit, mittags
und abends, Brot gereicht. Es gibt auch
verschiedene Baguettesorten. Achtet
mal darauf, was die Leute sagen, wenn
sie dran sind. Manche sagen »pas trop
cuite« (nicht so stark gebacken), also
hell, oder »bien cuite« (gut gebacken)«,
erklärte Charlotte. Und tatsächlich, bei
genauerem Hinhören konnten Pollina
und Pollino genau diese Worte ausmachen. »Ich habe Durst«, bemerkte Pollino. »Wir bekommen bestimmt gleich
eine Karaffe mit Wasser«, sagte Char-
lotte. In dem Moment kam auch schon die Bedienung mit
ihren belegten Baguettes und einer Kanne mit Leitungswasser.
»Kann man das denn trinken?«, fragte Pollino. »Warum nicht?«,
brachte Charlotte zwischen den Zähnen hervor. Die Kinder

aßen ihre belegten Brote und beobachteten weiter die Leute, die in die Bäckerei kamen. »Ist euch aufgefallen, dass man in Frankreich nicht auf der Straße im Gehen isst?«, bemerkte Charlotte. »Essen ist hier halt sehr wichtig und dazu nimmt man sich Zeit und setzt sich an einen Tisch.« »Ah, ich finde das eigentlich nicht schlecht, aber ich halte es nicht lange aus ruhig am Tisch zu sitzen«, gab Pollino zu. »Hier dauert das Essen auch so lang. Gestern Abend im Restaurant, ich kann dir sagen... schrecklich. Dann mussten unsere Eltern auch noch vor dem Nachtisch Käse essen.« »Ah ja, das ist hier üblich«, meinte Charlotte. »Apropos Käse, nebenan ist ein netter Käseladen, soll ich euch den zeigen?« »Ja, lasst uns gehen!«, kam es von Pollino. Das Käsegeschäft hatte seine Türen weit geöffnet und sofort zog den Kindern ein markanter Geruch in die Nase. Der Ladeninhaber stand an der Tür und begrüßte Charlotte. Sie wechselte ein paar Worte mit ihm, dann nickte er Pollina und Pollino freundlich zu und alle betraten das Geschäft.

Jede Menge Käse lagen schön sortiert in leicht gekühlten Regalen. »Die Franzosen sind sehr stolz mehr Käsesorten zu haben als das Jahr Tage«, verkündete Charlotte. »Dort sind die Ziegenkäse. Wisst ihr, was das ist was die da außen rum haben? Asche! Und da sind die Schafskäse. Das hier ist der berühmte Schimmelkäse Roquefort.« »Beurk«, machte Pollino. Charlotte und Pollina sahen sich an und lachten. »Hier kann man auch spezielles Brot und Joghurt kaufen. Ist nur ein bisschen teuer.« Charlotte deutet auf eine Reihe von Gläschen.

Als die Kinder den Laden wieder verließen, bot ihnen der freundliche Käseladenbesitzer noch ein Stückchen Käse an. Sie nahmen sich jeder eines und sagten »merci«. »Schmeckt nicht schlecht«, ließ sich Pollino vernehmen. »Mist, wir müssen wieder los! Bei uns steht ja heute noch das Centre Pompidou auf dem Programm.« »Ich kann euch ja noch zur Metro begleiten«, sagte Charlotte. »Kannst du mir noch einen Tipp geben, was für ein Andenken ich mir kaufen könnte? Ich hätte gerne was richtig Französisches«, fragte Pollina. Charlotte begann laut zu überlegen: »Ein T-shirt von Petit Bateau. Das ist immer gut. Gibt's aber auch in Deutschland. Eine Schneekugel mit dem Eiffelturm. Steht nur rum. Wie wär's mit einem original Asterixheft? La serpe d'or, die goldene Sichel spielt sogar in Paris!« »Super Idee! Vielen Dank!«, sagte Pollina.»Und ich?«, fragte Pollino. »Ach, ich dachte du warst schon im Fangeschäft von PSG, dem Pariser Fußballclub, auf den Champs-Elysées.« »Stimmt, ja!« Die Kinder waren an der Metrostation angekommen. »Schade, dass wir bald schon wieder heimfliegen!«, sagte Pollino. »Ja und dass ich in die Schule muss,« antwortete Charlotte. »Vielen Dank, dass du uns trotzdem soviel gezeigt hast.« »Ja, vielen Dank«, rief Pollina, »ruf uns an, wenn du wieder bei deiner Oma bist.« »Klar, mach ich, schickt mir eine Karte!«

Charlotte gab Pollina und Pollino jeweils zwei Küsschen auf die Wangen und sie liefen die Treppen zum Metroeingang hinab. Charlotte sah gerade noch, dass Pollinos Gesicht immer noch leicht rot war. Dann drehte sie sich um und schlug ihren Nachhauseweg ein.

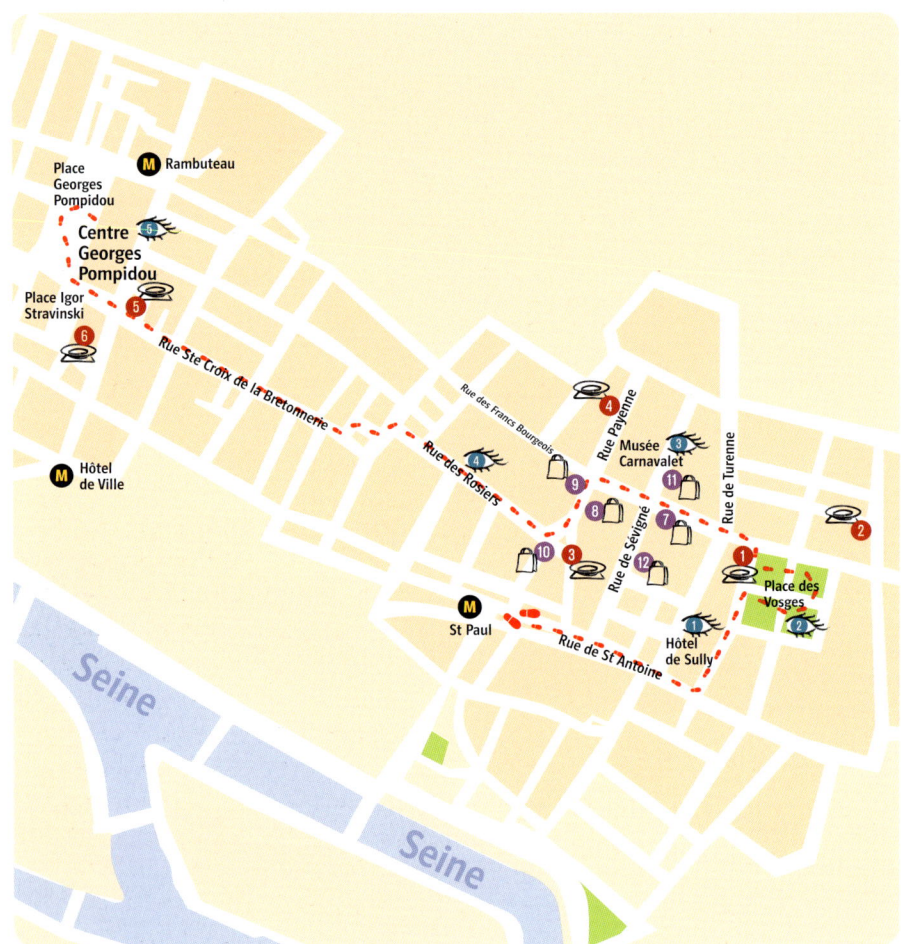

RESTAURANTS

1 Ma Bourgogne
2 Chez Janou
3 Le Loir dans la théière
4 Café du Centre culturel suédois
5 Curieux Spaghetti Bar
6 Crêperie Beaubourg

GESCHÄFTE

7 La charrue et les étoiles
8 L'Ours du Marais
9 Mona Lisait
10 K. Jacques
11 Petit Bateau
12 Matière Première

3. Rundgang: Marais und Beaubourg – Alte Stadtviertel, prächtige Palais und ein modernes Kulturzentrum

Paris setzt sich aus sehr unterschiedlichen Stadtvierteln zusammen. Jedes Viertel hat seinen typischen Charakter und eine ganz eigene Atmosphäre. Wenn ihr eine schöne alte Gegend von Paris sehen wollt, dann solltet ihr einen Spaziergang durch das Marais machen. Der Rundgang dauert etwa eine Stunde, man kann aber noch einen Museumsbesuch im Nachbarviertel Beaubourg anhängen.

Heinrich IV.

Das Marais hat eine besonders wechselvolle Geschichte durchgemacht. Zunächst war es ein Sumpfgebiet, was im Namen »Marais«, deutsch Sumpf, noch erhalten geblieben ist. Mönche vom Templerorden *(s. Begriffserklärungen)* hatten das Gebiet trocken gelegt und sich dort angesiedelt. Interessant wurde das Marais, als sich Karl V. hier ein prächtiges Anwesen bauen ließ. Zur vollen Blüte gelangte es im 17. Jahrhundert, denn Heinrich IV. gab den Auftrag, im Marais einen großen Platz zu errichten. So wurde dieses Viertel zur bevorzugten Wohngegend des Adels. Als die Bebauung zu dicht wurde, kamen andere Viertel wie St-Germain-des-Prés in Mode. Da im Marais schon von alters her viele Juden wohnten, die beim Templerorden Arbeit gefunden hatten, wurde es zu dem jüdischen Viertel von Paris. Während der Revolution *(s. Begriffserklärungen)* mussten viele Bewohner ihre Stadtpaläste verlassen und das Marais verfiel immer mehr. Im 20. Jahrhundert stellte man sogar Überlegungen an, das gesamte Viertel abzureißen. Dazu ist es aber zum Glück nicht gekommen. Stattdessen wurde die Gegend aufwändig saniert und gehört heute wieder zu den schönsten und lebendigsten Vierteln von Paris. Hier gibt es so viele Dinge zu entdecken: Türen mit Türklopfern, alte Geschäftsschilder, prächtige Adelspaläste und dazwischen nette Läden.

Metrostation Saint-Paul

Rue Saint Antoine ein Turnier statt. König Heinrich II. war ein hervorragender Reiter und nahm an diesen Wettkampf teil. Leider war aber in der Eile sein Visier nicht richtig geschlossen worden, sodass ein unglücklicher Lanzenstoß seines Gegners ihn ins Gesicht traf. Der französische König verstarb wenige Tage später mit nur 40 Jahren. Seine Witwe Katharina de Medici ließ daraufhin die Tournelles, den königlichen Wohnsitz, aus Trauer abreißen, der Platz verwilderte. Ihr könnt aber ein anderes herrschaftliches Haus hier besichtigen, das allerdings aus späterer Zeit stammt.

Hôtel de Sully

Ausgangspunkt für eure Erkundung des Marais ist die **Metrohaltestelle St-Paul**. Ihr geht nun in die **Rue Saint Antoine**, eine belebte Geschäftsstraße, die früher auf zwei königliche Herrenhäuser zuführte. Ihr werdet euch wahrscheinlich wundern, dass sie nicht zu sehen sind, aber es gibt sie nicht mehr. Das Palais Saint-Pol zerfiel, die Tournelles wurde zerstört. Warum, erfahrt ihr aus der folgenden Geschichte, die sich hier auf dieser Straße vor mehr als 400 Jahren zugetragen hat.

Im Jahre 1559 fand die Hochzeit der ältesten Tochter von Katharina de Medici und Heinrich II. mit dem spanischen König Philipp II. statt. Das war eine historisch bedeutsame Vermählung, denn sie sollte die langjährige Feindschaft zwischen den beiden Königreichen Frankreich und Spanien schlichten. Aus diesem Anlass fand in der

Wenn ihr die Rue Saint Antoine etwas weiter geht, seht ihr auf der linken Seite ein prächtiges Gebäude: das Hôtel de Sully. Im Französischen bezeichnet man diese Art von Stadtpalästen mit dem Wort Hôtel. Dieses Gebäude ist 1638 fertig gestellt geworden. Damals gehörte es Maximilien de Béthune, Herzog von Sully, dem ehemaligen Finanzminister Heinrichs IV. und ein Vertrauensmann des Königs.

Pollina wusste noch mehr über ihn zu berichten: »Maximilien de Béthune und Heinrich von Navarra waren gute Freunde. Er folgte ihm überall hin, sogar in jede Schlacht. Als Heinrich König wurde, machte er seinen treuen Freund zum Finanzminister. Auch hier bewährte er sich sehr. Sully, so wird Maximilien de Béthune später genannt, war auch der einzige, der Heinrichs Schwäche für Frauen zu bändigen wusste. Heinrich

Eingang
zum Hôtel
de Sully

IV. war nämlich ein großer Frauenheld.«
Schaut euch nun dieses Stadthaus genauer
an. Sein Stil ist ganz typisch für einen vor-
nehmen, französischen Stadtpalast. Es gibt
ein großes Eingangstor, das in einen Hof
führt, der von drei Gebäudeflügeln um-
rahmt wird. Auf der rechten Seite waren die
Stallungen untergebracht, auf der linken
Seite die Küche. Die gemeinsamen Emp-
fangsräume befinden sich im Mittelflügel,
der die Hofseite von der Gartenseite trennt.
Dem Garten zugewandt schließen sich zwei
gegenüberliegende Flügel an. Habt ihr euch
so ein Pariser Stadthaus vorgestellt? Wahrscheinlich nicht. Denn es handelt sich eigentlich um eine Art Landhaus in der Stadt.
Die Stallungen, auf dem Land in einem eigenen Gebäude untergebracht, sind hier mit
dem Wohnhaus verschmolzen. Dennoch ist
die Aufteilung der einzelnen Lebensberei-
che erhalten geblieben. Es gibt einen Trakt
für die Dame, einen für den Herren, einen
für Empfänge, einen für die Dienerschaft,
einen für die Küche und einen für die Pferde.

Eine weitere Besonderheit ist, dass Hof und
Garten durch einen Mittelflügel getrennt
sind. Schaut euch die Figurendekoration in
diesem Hof an. An den beiden Seiten gibt
es jeweils zwei Frauenstatuen. Wenn ihr sie
näher begutachtet, könnt ihr vielleicht
herausfinden, was sie darstellen. Die Frauengestalt auf der linken Seite mit Drachen
und Flammen symbolisiert das Feuer. Der
Frauenstatue daneben sitzt ein Chamäleon
zu Füßen, sie stellt die Luft dar. Auf der
gegenüberliegenden Seite symbolisieren
die Figuren Erde (Löwe) und Wasser (Krug).
Es handelt sich also um die Darstellung der
vier Elemente.

Das Durchgangstor im Mittelflügel wird von
zwei Sphinxen bewacht. Über dem Durch-
gang sind an der Hauswand zwei männliche Figuren angebracht, die für Herbst und
Winter stehen. Wenn ihr den Flügel durch-
schreitet und in den Garten kommt, könnt
ihr an der rückwärtigen Hausfront nochmals zwei Frauenfiguren bestaunen. Sie

Figurendekoration im Innenhof
des Hôtel de Sully

stellen Frühling und Sommer dar. Bevor ihr
in den Garten geht, solltet ihr noch einen
Abstecher in die Buchhandlung machen, die
sich links im Mittelflügel befindet. Ursprünglich war hier ein Empfangsraum,
dessen Decke mit schweren bemalten
Holzbalken noch erhalten ist. Im Garten
fallen die symmetrisch geschnittenen
Buchsbaumhecken auf. Wenn ihr durch das
Tor auf der rechten Seite wieder hinaus-
geht, steht ihr auf einem von gleichartigen
Häusern umgebenen Platz, der Place des
Vosges, dem schönsten Platz von Paris.

Place des Vosges 👁️‍🗨️

Der ursprüngliche Name dieses Platzes war
Place Royal (Königsplatz). Er wurde nach
der Revolution in **Place des Vosges** umge-
tauft, da der Verwaltungsbezirk der Vogesen
als erster seine Steuern an die neue Republik (s. Begriffserklärung) zahlte. Was meint
ihr wohl, was sich hier vorher befunden
hat? Genau, der Garten von den Tournelles.
Die Idee zu diesem Platz stammt von Hein-

rich IV. und seinem Finanzminister Sully,
denn in Paris gab es zu dieser Zeit keinen
Ort, an dem Feste und Turniere stattfinden
konnten. Heinrich IV. war der erste König,
der aus der Familie der Bourbonen stammte. Die drei Söhne von Katharina de Medici
und Heinrich II. waren alle ohne legitime
männliche Nachkommen verstorben. So
kam ihr Cousin Heinrich von Navarra, der
mit ihnen aufgewachsen war, auf den Thron.
Der war aber Protestant. Um König von
Frankreich zu werden, musste er zum katholischen Glauben überwechseln, was er wohl
oder übel tat. Da dieser König Anhänger
beider Glaubensrichtungen war, wurden die
Religionskriege in Frankreich durch ihn
endlich beendet.

Die Arbeiten begannen im Jahr 1605. Ein
quadratischer Platz wurde abgesteckt. An
der einen Front ließ der König seinen Pavillon bauen und gegenüber den Pavillon für
die Königin. Diese beiden königlichen Pavil-
lons sind ein wenig höher als die übrigen

Place des Vosges

Gebäude. Doch Heinrich IV. erlebte die Fertigstellung des Gebäudes und des Platzes nicht mehr. Er wurde 1610 von einem religiösen Fanatiker ermordet, als er gerade auf dem Weg zu seinem erkrankten Freund, dem Finanzminister Sully, war. Doch zurück zum Platz.

Für die umgebenden 36 Häuser gab es strikte Auflagen für ihre Fassadengestaltung. Aber wenn ihr genau hinseht, könnt ihr bemerken, dass es trotzdem Abweichungen gab. Das Standbild von Ludwig XIII. ragt in dem umzäunten Gartenareal auf. Viele berühmte Leute haben an der Place des Vosges gewohnt, darunter der Schriftsteller Viktor Hugo, in dessen Wohnhaus ein Museum eingerichtet ist.

»Von Ludwig XIII. haben wir doch schon gehört. Wo war das noch mal? Schlag doch bitte in deinem Königsbüchlein nach«, bat Pollino. »Da brauche ich gar nicht nachzuschauen, das weiß ich. In Notre-Dame haben wir seine Statue am Altar gesehen. Er und seine Frau hatten 23 Jahre auf ein Kind

gewartet.« »Ah ja, jetzt erinnere ich mich. Sie bekamen schließlich einen Sohn: Ludwig XIV., den Sonnenkönig.« Pollina schaute ihren Bruder verwundert an. » Ludwig XIII. war schon mit neun Jahren König geworden, da sein Vater Heinrich IV., von dem wir schon oft gesprochen haben und der diesen Platz hier hatte bauen lassen, ermordet worden war. Seine Mutter Maria de Medici übernahm die Regentschaft, bis Ludwig mit 16 Jahren selbst regieren wollte. Zwei Jahre zuvor, im Jahr 1615, hat hier auf der Place des Vosges sein Hochzeitsfest mit Anna von Österreich, einer spanischen Königstochter, stattgefunden. Sie war genau wie er vierzehn Jahre alt.*

Wenn ihr den Platz fast umrundet habt, geht ihr nun in die **Rue des Francs Bourgeois**. Nach wenigen hundert Metern stoßt ihr auf der rechten Seite wieder auf ein großes Tor, hinter dem eine Gartenanlage auszumachen ist. Wenn ihr euch hineinwagt, befindet ihr euch in einem Gartenhof, der wieder von einem mittleren Gebäudeflügel durchzogen wird. An der linken Wand ist ein großes Emblem mit einem Schiff angebracht. Das ist das Wappen der Stadt Paris. Auf den Segeln sind die Lilien als königliches Zeichen zu sehen. In diesem Gebäude ist das Museum für Stadtgeschichte untergebracht, das **Musée Carnavalet** ③. Dieser Palast hatte einige Zeit einer Dame aus der Bretagne gehört, die den unaussprechlichen Namen Kernevenoy trug. Der Volksmund machte daraus Carnavalet. Später erwarb es Madame de Sévigné. Sie wohnte hier seit 1677 und gab viele Gesellschaften. Berühmt sind die unzähligen, etwa 1500 Briefe von Madame Sévigné an ihre geliebte Tochter.

Wenn ihr wieder auf der Rue des Francs Bourgeois seid, biegt ihr gleich links in die **Rue Pavée** ein. Direkt an der Ecke liegt ein weiterer Adelspalast, das **Hôtel Lamoignon** mit der historischen Bibliothek der Stadt. Die Rue Pavée, an der sie liegt, war auch eine der ersten gepflasterten Strassen der Stadt, daher ihr Name »Pavée« (»gepflastert«). Jetzt biegt ihr rechts in die **Rue des Rosiers** ④ ein und seid nun im Jüdischen Viertel. Hier haben sich im 12. Jahrhundert Juden angesiedelt. Die kleinen schmalen Gassen deuten noch daraufhin, dass es früher eine ärmliche Gegend war. Heute hat sich das geändert. Ihr findet hier Geschäfte mit jüdischen Spezialitäten und könntet glatt vergessen, dass ihr euch in Paris befindet. Einige hundert Meter weiter werdet ihr bemerken, dass sich die Gegend und der Stil der Häuser wieder ändern.

Centre Pompidou ⑤

Auf einmal liegt das Centre Pompidou wie ein großes, gläsernes Paket vor euch. Es sieht ein bisschen so aus, als sei hier ein gigantisches Ufo gelandet und habe bei der Landung alle alten Häuser verdrängt und einen großen Platz für sich geschaffen. Das stimmt auch ein wenig. Da ihr euch von hinten dem Centre Pompidou nähert, lässt sich die Umgebung noch nicht richtig überschauen. Auf der linken Seite ist ein großes

Im Innenhof des Musée Carnavalet

Straße im Marais

Das Kulturzentrum
Centre Pompidou

Wasserbecken, in dem bunte, füllige Figuren und Eisenmaschinen stehen. Das ist der **Strawinsky-Brunnen**, der von dem Künstlerehepaar Niki de Saint-Phalle und Jean Tinguely geschaffen wurde. Jean Tinguely wollte einen Brunnen bauen, der auch Kindern gefällt. Er selbst hat schon als Kind Geräuschmaschinen gebastelt. Seine Eisenskulpturen lassen das Wasser zu Musik werden. Die Figuren des Brunnens beziehen sich auf Stücke des russischen Komponisten Igor Strawinsky. Der bunte Vogel mit dem goldenen Strahlenkranz um den Kopf verkörpert den Feuervogel.

Das Viertel, in dem ihr euch jetzt befindet, heißt **Beaubourg**. Es ist ebenso ein sehr altes Viertel. Um das Jahr 1000 hatte sich hier neben einem Kloster eine Ansiedlung gebildet, ein sogenannter »bourg«, und da er so schön war, hat man ihn »beau *(schön)* bourg« genannt. Später entwickelte sich dort ein wichtiges Geschäftsviertel. Doch

wegen der alten Häuser und dem starken Bevölkerungswachstum wurde es ein Viertel mit katastrophalen hygienischen Verhältnissen. Das Wasser stand auf den Gassen. Daran änderten auch die großen Baumaßnahmen unter Napoleon III. wenig. Erst im 20. Jahrhundert hat man die völlig maroden alten Häuser abgerissen. In der schlimmsten Gegend des Plateau Beaubourg war so eine große Baulücke entstanden, die jahrelang als Parkplatz genutzt wurde. Der damalige Staatspräsident Georges Pompidou beschloss, hier ein Kulturzentrum errichten zu lassen. Es sollte aber kein Museum werden, in das sich kein Mensch hineintraut, sondern ein lebendiger Ort, an dem ein reger Kulturaustausch für alle angeboten wird. Pompidou ist schon 1974, drei Jahre vor der Einweihung seines Projektes 1977, verstorben. Aber wenn ihr jetzt den Platz vor dem Centre Pompidou anschaut, könnt ihr bestimmt feststellen, dass sein Wunsch nach einem Publikums-

Strawinsky-Brunnen
neben dem
Centre Pompidou

magneten in Erfüllung gegangen ist. Denn auf dem abschüssigen Platz ist immer viel los, oft sind auch Pantomimen oder Jongleure dort.

Das Gebäude selbst solltet ihr euch auch unbedingt anschauen. Es besteht aus Stahl und Glas. Ein durchsichtiger »Wurm« und bunte Rohre ziehen sich an seiner Fassade entlang. Um innen möglichst viel Platz zu haben, hat man die Rolltreppen und die Versorgungskabel einfach nach außen verlegt.

Das Centre Pompidou erhielt zunächst wilde Bezeichnungen, so wurde es »Supermarkt der Kultur«, »architektonischer King–Kong«, »Notre–Dame der Ofenrohre« und »Pompidosaurus« genannt. Es wurde dennoch ein großer Erfolg und seine Besucherzahlen übersteigen die des Eiffelturms.

Im ersten, zweiten und dritten Stock befindet sich eine **Bibliothek**. Stellt euch vor, die ist sogar am Abend und auch am Wochen-

ende geöffnet. Der vierte und fünfte Stock gehören dem **Musée national d'Art Moderne** *(Museum für moderne Kunst)*. Es verfügt über die weltweit bedeutendste Sammlung moderner Kunst mit 47 000 Werken, davon werden etwa 1600 ausgestellt. Das ist immer noch eine riesige Menge. Paris war zu Beginn des 20. Jahrhunderts das Mekka für alle Künstler und ein Schmelztiegel für neue Ideen. Viele der ausgestellten Werke sind hier auch entstanden. Das macht den besondern Reiz dieses Museums aus.

Musée national d'Art Moderne

Wenn ihr euch in der großen Eingangshalle
Tickets besorgt habt, gelangt ihr über die
Außenrolltreppen in den vierten Stock zum
Eingang des Museums. In diesem Stock-
werk befinden sich die Werke, die nach
1960 entstanden sind, im fünften Stock jene
Gemälde und Skulpturen, die vor 1960 geschaffen wurden. Ihr begebt euch in den
fünften Stock und macht euch auf die
Suche nach den Bildern von **Henri Matisse**
und **Pablo Picasso**. Von beiden Künstlern
besitzt das Museum eine solche Fülle von
Werken, dass immer einige ausgestellt sind.
Matisse und Picasso sind so etwas wie die
Urgroßväter der heutigen Künstlergenera-
tion. Beide haben lange Zeit in Paris gewohnt und gearbeitet, sie waren gut be-
freundet. Picasso war allerdings 17 Jahre
jünger als Matisse.

Henri Matisse hatte Jura studiert. Als er
jedoch wegen einer Blinddarmentzündung
längere Zeit im Krankenhaus liegen musste
und sich langweilte, begann er zu malen.
Dies gefiel ihm so gut, dass er danach Maler
werden wollte. Er ging nach Paris und wur-

Matisse im
Krankenhaus

de dort Schüler in einem großen Atelier.
Über seine ersten Bilder wurde viel gelacht.
Doch ein russischer Sammler fand Gefallen
an Matisse Werken und kaufte sie. So hatte
der Maler keine Geldnöte mehr und konnte
Reisen unternehmen. Durch Matisse gesam-
tes Schaffen zieht sich ein Thema: die Suche nach Ausgewogenheit der Farben und
Formen.

Das Museum besitzt so viele Gemälde von
Matisse, dass sie auf mehrere Räume verteilt sind. Bei den zwei Gemälden »Intérieur,
bocal de poissons rouges« *(»Innenraum,
Goldfischglas«)* von 1914 und »Le peintre
dans son atelier« *(»Der Maler in seinem
Atelier«)* von 1916 könnt ihr sehen, dass sie

Henri Matisse
»Interieur mit Goldfischglas«
1914

Pablo Picasso
»Les Demoiselles d'Avignon«
1907

in Paris entstanden sind, denn dort sind die
Seine und die Brücke Michel auszumachen.
Hier herrscht die Farbe Schwarz vor, vielleicht weil die Bilder während des Krieges
entstanden sind. Beide zeigen Fensteraus-
sichten, ein Thema, das Matisse oft malte.
Denn ein Fenster ist wie ein Gemälde eine
Verbindung zwischen Innen und Außen.
Wenn ihr euch nun das Bild »Le peintre
dans son atelier« genauer anschaut, seht ihr
dort den Maler Matisse mit einem Model,
dessen Bild er gerade auf der Leinwand
malt. Matisse hat sich selbst gedanklich
hinter seinen Rücken gestellt und sich bei

der Arbeit dargestellt. Bevor euch beim
weiteren Nachdenken über diesen Sachver-
halt schwindlig wird, wendet euch Pablo
Picasso zu.

Ihr werdet in mehreren Räumen auf seine
Bilder und Skulpturen stoßen. Picasso war
Spanier, doch seit seinem zweiundzwan-
zigsten Lebensjahr lebte er in Paris. Picasso
war immer auf der Suche nach neuen
Ausdrucksformen, zeichnete, malte, schuf
Skulpturen und Keramiken und wechselte
dabei oft seinen Stil. Einen radikalen Wan-
del in der Malerei vollzog er 1907 mit seinem großen Gemälde »Les Demoiselles
d'Avignon«. Er wohnte damals auf dem
Montmartre in sehr ärmlichen Verhältnis-

sen. Picasso malte an dem Bild, das fünf nackte Frauen zeigt, neun Monate lang. Heute hängt das Gemälde in New York im Museum of Modern Art. Doch er fertigte dafür auch viele Studien an. Eine davon ist hier zu sehen: »Buste de femme« von 1907. Der Frauenkopf ist zum Teil noch mit weichen runden Linien dargestellt. Doch die Haare, die Stirn und die Nase sind schon mit harten Strichen markiert. Die Nase sieht aus wie ein Stück Käse. Hier seht ihr genau, dass Picasso versucht hat, den Kopf wie ein Relief herauszuarbeiten. Könnt ihr euch vorstellen, wo er dazu Anregungen gefunden hat? Bei afrikanischen Masken. Er hatte bei seinem Freund Matisse und in einer Ausstellung afrikanische Masken gesehen und war fasziniert von der anderen Art der Darstellung. Wenn ihr dieses Erlebnis nachvollziehen wollt, braucht ihr nur in das Musée du Quai Branly *(siehe 1. Rundgang)* zu gehen und euch dort die Masken ansehen.

Der ganze Raum, in dem ihr euch befindet, ist einer Malweise gewidmet, für die man den Namen Kubismus geprägt hat. Neben Picasso ist **Georges Braques** einer der wichtigsten Vertreter. Ihre Bilder sind sehr schwer voneinander zu unterscheiden. Sie sind in grau und beige gehalten. Die Figuren sehen aus wie platt gewalzte Architekturen. Der Kubismus ist eine Stilrichtung, die sich in Paris entwickelt hat.

Eine weitere Stilrichtung, die in den 1920er-Jahren entstanden ist und die ebenfalls in Paris ihr Zentrum hatte, ist der Surrealismus. Einer der wichtigsten Vertreter dieser Bewegung ist der französische Schriftsteller

André Breton. Sein Arbeitszimmer ist hier im Museum nachgestellt worden. Ihr seht ein Sammelsurium von Kunstwerken aus anderen Kulturen und Fundstücke. Ihr könnt euch nun bestimmt vorstellen, mit was für verschiedenen Dingen sich die Surrealisten beschäftigt haben. Ein wesentliches Merkmal ist auch eine neue Betonung des Unterbewusstseins und der Träume, die in der Malerei dargestellt werden sollten. Hier könnt ihr so unterschiedliche Vertreter dieser Richtung sehen wie **Max Ernst, Salvador Dalí, René Magritte** und **Joan Miró**.

Von dem Spanier Miró gibt es ein schönes blaues Bild von 1924 zu bewundern mit dem Titel »Baigneuse« *(»Schwimmerin«)*. Seht ihr die Schwimmerin mit den gewellten Haaren? Nach diesem kurzen Rundgang durch den 5. Stock seid ihr geistig gut vorbereitet für den vierten Stock, in dem die jüngere Kunst seit 1960 ausgestellt ist. Dort könnt ihr in eine schwarzweiße Höhle kriechen und einem roten Nashorn begegnen oder gar einem Klavier, das ein bisschen aussieht wie ein Elefant.

Im sechsten Stock finden Ausstellungen statt, und dort befindet sich auch ein ziemlich schickes Restaurant. Das Rolltreppen fahren ist sensationell. Denn durch die transparenten Röhren, in denen sich die Rolltreppen befinden, hat man einen sagenhaften Blick. Könnt ihr eine weiße Kirche auf einem Hügel sehen? Sie sieht aus wie eine riesige Torte. Das ist Sacré-Cœur auf dem Montmartre, dieses berühmte Viertel werdet ihr später noch kennenlernen *(siehe 5. Rundgang)*.

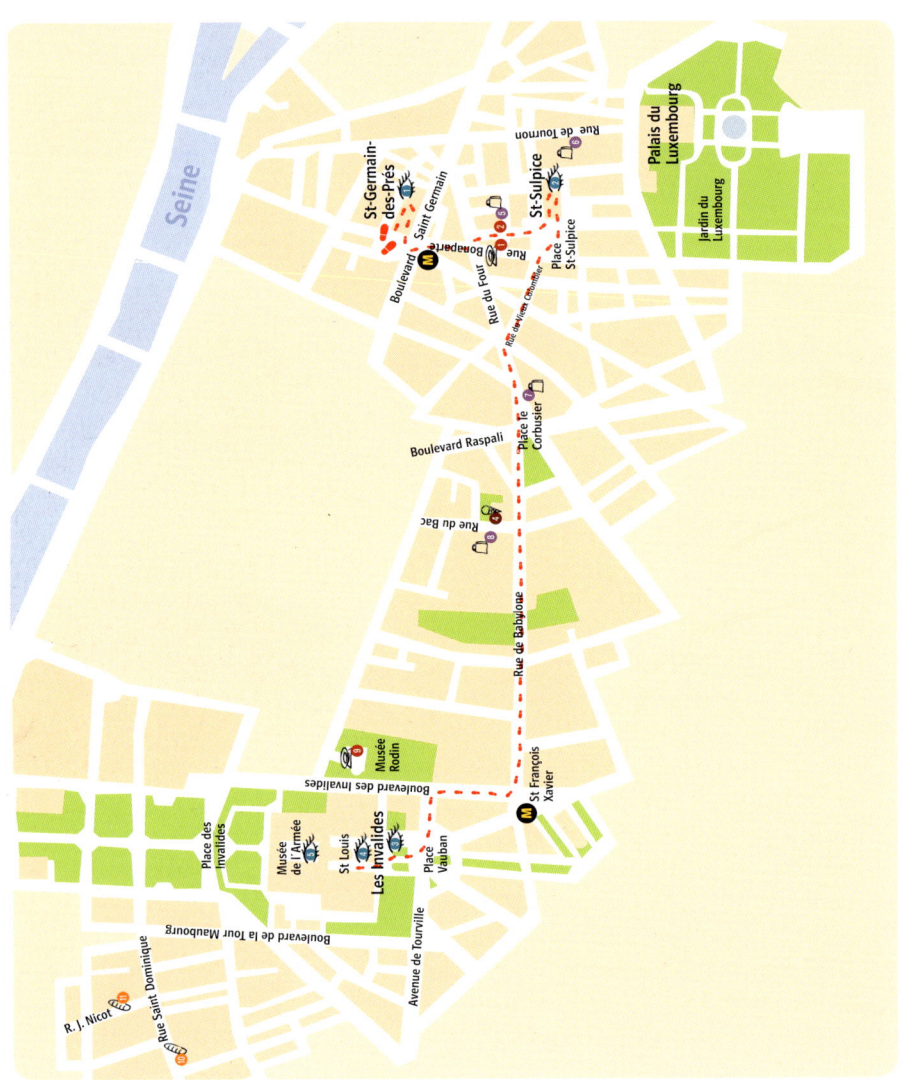

RESTAURANTS

1 La Crêperie des Canettes
2 Pizza Positano
3 Bartolo
9 Le Jardin de Varenne

KONDITOREIEN

10 Jean Millet
11 Pâtisserie Stéphane Secco

EIS

4 Le Bac à Glaces

GESCHÄFTE

5 Au Plat d'Etain
6 Bonpoint
7 Chantelivre
8 Bonton Bazar

4. Rundgang: St-Germain-des-Prés – Beeindruckende Kirchen, legendäre Cafés, schicke Läden

Ausgangspunkt für die Erkundung dieses Viertels ist die **Metrostation St-Germain-des-Prés**. Auf dem rechten Seine-Ufer beim Rathaus, dem Hôtel de Ville, war das Handelszentrum von Paris. Auf dem linken Ufer wurde 1257 eine der ersten Universitäten der Welt gegründet. Da der Unterricht in Latein stattfand, nannte man das Viertel Quartier Latin. So wurde das linke Ufer der Inbegriff für das geistige Leben in Paris, in Frankreich und zu manchen Zeiten auch für ganz Europa. Das Viertel, das ihr nun näher kennen lernen werdet, heißt **St-Germain-des-Prés**. Es liegt gleich neben dem **Quartier Latin**, und dort sind sehr viele Verlage angesiedelt. Habt ihr vielleicht bemerkt, dass bei der Erwähnung des Namens St-Germain eure Eltern leuchtende Augen bekommen? Gerade dieses Viertel hat einen legendären Ruf. Doch davon später mehr.

Die Kirche St-Germain-des-Prés

Zunächst zur Entstehung dieses Stadtviertels. Der fränkische König Childebert hat 542 von einem Feldzug aus Spanien das Gewand des Heiligen Vinzenz mitgebracht. Um für diese kostbare Reliquie *(s. Begriffserklärungen)* einen würdigen Aufbewahrungsort zu haben, stiftete Childebert eine Kirche mit Klosteranlage auf den Feldern außerhalb der Stadt. Er verfügte, dass er dort nach seinem Tod beigesetzt werde. Auch der Bischof von Paris, Germanus, der die Kirche geweiht hatte, wurde dort 576 begraben,

754 wurde er heilig gesprochen. So erhielt die Kirche ihren Namen »St-Germain-des-Prés« *(»Heiliger Germanus auf den Feldern«)*. Die Klosteranlage entwickelte sich trotz mehrerer Überfälle der Wikinger zu einer kleinen eigenständigen Stadt vor der Stadt. Der Reichtum des Klosters rührte vor allem von einem Jahrmarkt. Dorthin kamen Kaufleute aus Italien, Deutschland und Flandern, um erlesene Kostbarkeiten zu verkaufen. Nach einigen baulichen Veränderungen im 17. Jh. wurde die ganze Kloster-

anlage während der Revolution (s. Begriffs-erklärungen) zerstört. Geblieben ist nur noch die Kirche mit ihrem wehrturmartigen Glockenturm, die ihr hier auf dem kleinen Platz am **Boulevard Saint-Germain** seht. Dieser mächtige Kirchturm ist der älteste von Paris.

St-Germain-des-Prés

Der Kirchenraum wirkt klein und schumm-rig. Sein eigentliches Alter ist nur an weni-gen Stellen zu erahnen. Die Kirche wurde bereits zwischen 990 und 1021 errichtet, ihre Substanz ist also noch wesentlich älter als die von Notre-Dame. St-Germain-des-Prés ist eines der ganz wenigen Zeugnisse aus dieser Zeit in Paris. Doch ihr müsst ganz genau hinschauen, um romanische Teile zu entdecken. Gleich in der Kapelle neben dem Eingang links könnt ihr noch auf der rech-ten Seite ein ursprüngliches, romanisches Kapitell finden.

Innenraum von St-Germain-de-Prés

Pollina und Pollino gingen mit nach oben gerichteten Köpfen in der Kirche umher. »Auf einer Tafel habe ich vorhin gelesen, dass Karl der Große mit 12 Jahren in dieser Kirche war. Dem Bischof Germanus hatte man hier im Portal sein Grab eingerichtet. Als er 754 heilig gesprochen wurde, mussten seine Gebeine in eine Grabkapelle in die Kirche überführt werden, da der Andrang der Pilger zu groß war. Diese Überführung war in der damaligen Zeit ein bedeutendes Ereignis. Karl der Große, so hieß er zwar zu dieser Zeit noch nicht, und sein Bruder Karlmann begleiteten ihren Vater Pippin zu dieser Zeremonie«. »Wo ist denn dieses berühmte Grab? Hast du es schon gese-hen?«, fragte Pollino, der nun neugierig geworden war. »Es ist leider, wie fast der ganze Kirchenschmuck, 1793 während der Revolutionszeit zerstört worden«, berichtete Pollina.

Wenn ihr aus der Kirche kommt, steht ihr am Boulevard Saint-Germain. Direkt vor euch an der Ecke liegt das **Café Les Deux Magots**, danach kommt die Buchhandlung La Hune, wenige Schritte weiter das **Café de Flore** und die Buchhandlung L'Ecume des pages. Auf der gegenüberliegenden Stra-ßenseite liegt die **Brasserie Lipp**. Ihr werdet jetzt vielleicht fragen, ja und? Dies alles sind Orte, die dieses Viertel berühmt gemacht haben und weswegen eure Eltern leuchten-de Augen beim Namen St-Germain bekom-men. Im Café de Flore haben der Philosoph Jean-Paul Sartre und die Schriftstellerin Simone de Beauvoir nicht nur Kaffee ge-trunken, sondern auch gearbeitet, sich mit Freunden getroffen und diskutiert. Der

Berühmtes Café auf dem
Boulevard Saint-Germain

und Creperien, dazwischen tolle Modeläden. Achtet bei der Hausnummer 18 auf die Wandverzierung. Seht ihr die Enten? Von ihnen kommt wohl der Name der Straße Canettes. Wer sich für Zinnsoldaten und Zinnfiguren interessiert, sollte unbedingt einen Sprung in die **Rue Guisarde** machen. Dort gibt es ein herrliches Geschäft, das schon 1775 gegründet wurde. Ihr findet dort Zinnsoldaten von der Antike bis heute, aber auch Figuren eines Bauernhofes oder von Radfahrern der Tour de France. Ansonsten geht ihr geradeaus weiter, bis ihr auf einen Platz gelangt und eine große Kirche vor euch liegt.

Maler Picasso ging sehr gern in die Brasserie Lipp und hat im Les Deux Magots die Photographin Dora Maar kennengelernt, die eine Zeit lang seine Lebensgefährtin war. Heute geht Sofia Coppola mit ihrer Crew ins Café de Flore. Ihr kennt diese Filmemacherin nicht? Auch gut. So erspart ihr euch die Qual der Wahl und geht über die Straße in die Rue Bonaparte, biegt links in die Rue du Four und sofort wieder rechts in die **Rue des Canettes** ein. Dort findet ihr Pizzerien

St-Sulpice 2

Ihr befindet euch nun auf der **Place St-Sulpice** mit dem großen strengen Kirchenbau. Man würde zunächst nicht vermuten, dass es sich um die Pfarrkirche von St-Germain handelt, denn St-Sulpice wirkt soviel mächtiger. Aber es ist so. Die Gemeinde von St-Germain war sehr groß und des-

Rue des
Canettes

Schaufenster
eines
Geschäftes
mit Zinn-
figuren

**Wandgemälde von Eugène Delacroix
in der Seitenkappelle von St-Sulpice**

halb gab es hier bereits seit dem 12. Jahrhundert eine Kirche für die Bauern. Diese war ziemlich baufällig geworden und so wurde die Errichtung einer neuen Kirche genehmigt. Anna von Österreich, die Witwe Ludwig XIII., legte mit ihrem Sohn Ludwig XIV. 1645 feierlich den Grundstein. Ludwig XIV. war damals gerade acht Jahre alt. Doch die Kirche wurde wegen vieler widriger Umstände erst 1736 fertig. Die Fassade mit der doppelstöckigen Säulenhalle war der letzte Bauabschnitt. Der rechte Turm wurde nie vollendet.

Das Innere der Kirche imponiert durch seine Größe. Wuchtig und schlicht zugleich wirkt der Innenraum. Gleich in der ersten Kapelle rechts befinden sich drei Werke von **Eugène Delacroix**. Er hat mit der Ausmalung 1855 begonnen. Für eine »Engelskapelle« wählte Delacroix sehr kämpferische Szenen. An der Decke seht ihr den Kampf des Heiligen Michael mit dem Drachen, einer männlichen Figur mit Drachenflügeln. Auf der linken Seite der Kapelle ist Jakobs Kampf mit dem Engel dargestellt. Achtet darauf, wie gelassen der Engel und mit welcher Kraftanstrengung hingegen Jakob kämpft. Seht ihr, wo der Engel Jakob berührt? Der Engel ergreift den Oberschenkel und verletzt damit Jakobs Hüftgelenk. Nach dem Kampf hinkte Jakob. Doch er war von dem Engel gesegnet worden und hatte den Namen Israel *(Gottesstreiter)* bekommen. Die Nachkommen Jakobs nannte man Israeliten, sie essen bis heute kein Hüftfleisch. Auf der gegenüberliegenden Seite zeigt das Fresco Heliodors Vertreibung aus dem Tempel. Heliodor hatte den Auftrag bekommen, den Tempel von Jerusalem auszurauben. Diese Schandtat wurde durch das Auftauchen eines prächtigen Pferdes mit Reiter vereitelt.

**Obelisk
in der Kirche
St-Sulpice**

Innenraum
von St-Sulpice

Delacroix war sogar in die Nähe der Kirche an die Place de Fuerstenberg Nr. 6 gezogen. Sein Wohnhaus, in dem er wenige Monate nach der Vollendung der Kapelle verstarb, ist heute ein Museum.

Nicht weit von der Kapelle entfernt seht ihr zwei Weihwasserbecken mit sehr großen Muscheln. Es handelt sich um ein Geschenk der Republik Venedig an König Franz I. Im linken Querschiffarm könnt ihr an der Wand einen hellgrauen **Obelisken** erkennen. Er ist Teil einer **Sonnenuhr**, zu der auch noch ein Messingstreifen gehört. Der Tag der Wintersonnenwende, der 21. Dezember, wird auf dem Obelisken sichtbar. Dieses Instrument hat den Astronomen erstaunlich genaue Angaben geliefert.

Die Sonnenuhr hat St-Sulpice in den letzten Jahren berühmt gemacht, denn sie kommt in dem Thriller »Sakrileg« vor. Der Autor macht aus dem Messingstreifen auf dem Boden die geheimnisumwitterte Rosenlinie. Eine seiner Figuren versucht dort das gut gehütete Wissen eines sehr alten Geheimbundes zu entdecken. Das ist natürlich reine Erfindung. Aber durch diese Geschichte erfährt der Obelisk auf einmal gebührende Beachtung. Den Messingstreifen findet ihr im rechten Querschiffarm in den Boden eingelassen. Von dort führt er bis zum Obelisken im linken Querschiff, den er in der Mitte entlang bis zur Spitze hoch läuft. Wenn ihr in der Nähe des Obelisken steht, müsst ihr zum gegenüberliegenden Fenster schauen. Könnt ihr dort ein kleines Loch ganz rechts im Fenster entdecken? Wenn die Sonne scheint, fällt jeweils um 12.50 Uhr ihr Strahl auf einen bestimmten Punkt auf dem Messingstreifen. Je nach Jahreszeit ändert sich natürlich die Stelle. Nicht schlecht, oder?

Invalidendom

Bevor ihr nun die Kirche wieder verlasst, versucht sie euch als Festsaal für ein Bankett vorzustellen. Hier wurde nämlich 1799 für Napoleon ein großes Festmahl mit 750 Gedecken gegeben, als er von dem Feldzug nach Ägypten zurückgekehrt war.

»Komisch«, bemerkte Pollino, »ich habe irgendwo gelesen, dass dieser Feldzug nach Ägypten eine Katastrophe gewesen sein muss. Die französischen Soldaten waren mit ihren warmen Uniformen nicht auf das heiße Klima eingestellt. Aber Napoleon ist es zuzutrauen, dass er selbst die verheerendste Situation als glanzvolle Lage darstellen konnte.«

Das stimmt euch schon etwas auf das nächste große Monument ein, das ihr nun besichtigen könnt: den Invalidendom mit dem pompösen Grab von Napoleon. Um dorthin zu gelangen orientiert ihr euch an den Hinweisschildern Invalides. Ihr geht zu

Fuß etwa 15 Minuten über die Rue du Vieux Colombier, Rue de Sèvres und die Rue de Babylone, oder ihr nehmt den Bus Nr. 87 in Richtung Champ de Mars bis zur Station Saint-Francois-Xavier.

Hôtel des Invalides

1671 beschloss Ludwig XIV. einen Wohn- und Versorgungskomplex für Kriegsverletzte und Veteranen errichten zu lassen. Daher kommt auch der Name Hôtel des Invalides. Bis dahin waren die verwundeten Soldaten auf die Hilfe der Orden und Klöster angewiesen. Nun entstand hier so etwas wie eine Stadt in der Stadt. Neben dem Krankenhaus und den Unterkünften gab es verschiedenste Werkstätten. 6000 ehemalige Soldaten bewohnten den Komplex, in dem sehr strenge Vorschriften herrschten.

Invalidendom
(Église du Dôme)

Neben der Soldatenkirche, die sich innerhalb der Anlage befand, wünschte Ludwig
XIV. auch noch eine Heldengedenkstätte.
Dieser schwierige Auftrag wurde dem Architekten Jules Hardouin-Mansart übertragen,
der auch die Bauleitung für das Schloss in
Versailles übernehmen sollte. Er fand eine
sehr raffinierte Lösung, indem er an den
Chor der Kirche einfach eine zweite Kirche
anschloss. Für sie wählte er als Grundriss
ein griechisches Kreuz. Das Zentrum wird
von einer gigantischen Kuppel überspannt.
Erst 27 Jahre nach dem Tod des Architekten
wurde der riesige Kuppelbau 1735 fertig.

Diese goldene Kuppel ist euch sicher schon
öfters während eures Parisaufenthaltes
aufgefallen. Sie wurde 1989 neu vergoldet,
wozu 12 Kilo feinstes Blattgold nötig waren.
Nun könnt ihr sie aus nächster Nähe sehen.
An dieser Hofseite befindet sich heute der
Eingang für die Besucher.

Nun seid ihr sicherlich schon gespannt, wie
es im Invalidendom aussieht. Sein heutiges
Erscheinungsbild hat er allerdings erst rund
125 Jahre nach seiner Erbauung erhalten.
Denn hier befindet sich nun das Grab von
Napoleon I. 1840 gelang es den Franzosen,
den Leichnam Napoleons von St. Helena
nach Paris in den Invalidendom zu überfüh-
ren. In den Jahren 1843–1861 wurde unter
dem Invalidendom die Grabstätte errichtet.
Wenn ihr in dem lichten, hohen Raum steht,
seht ihr vor euch eine runde Balustrade.
Dort blickt ihr in die Krypta hinunter auf
den monumentalen, rotbraunen Sarkophag
Napoleons. Er wird umringt von zwölf großen Frauenfiguren, von denen jede einen
Lorbeerkranz in der Hand hält. Napoleons
Siege sind um den riesigen Lorbeerkranz
auf dem Boden eingemeißelt: Rivoli, die
Pyramiden, Marengo, Austerlitz, Jena,
Wagram, Friedland und Moskau.

Rechts neben dem Altar führt eine Treppe
hinunter in die Krypta. In einer Seitenkapelle
befindet sich auch die Grabstätte von Napo-

**Grabmal von
Napoleon I.**

**Grabkapelle
von Napoleon II.**

Musée de l'Armée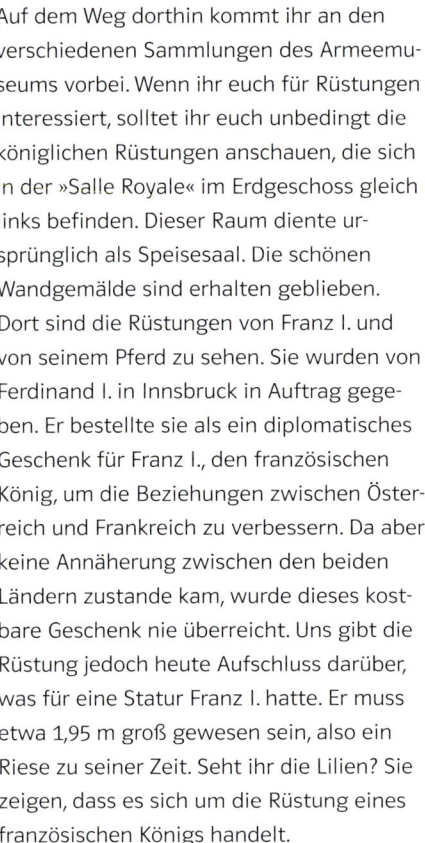

Auf dem Weg dorthin kommt ihr an den verschiedenen Sammlungen des Armeemuseums vorbei. Wenn ihr euch für Rüstungen interessiert, solltet ihr euch unbedingt die königlichen Rüstungen anschauen, die sich in der »Salle Royale« im Erdgeschoss gleich links befinden. Dieser Raum diente ursprünglich als Speisesaal. Die schönen Wandgemälde sind erhalten geblieben. Dort sind die Rüstungen von Franz I. und von seinem Pferd zu sehen. Sie wurden von Ferdinand I. in Innsbruck in Auftrag gegeben. Er bestellte sie als ein diplomatisches Geschenk für Franz I., den französischen König, um die Beziehungen zwischen Österreich und Frankreich zu verbessern. Da aber keine Annäherung zwischen den beiden Ländern zustande kam, wurde dieses kostbare Geschenk nie überreicht. Uns gibt die Rüstung jedoch heute Aufschluss darüber, was für eine Statur Franz I. hatte. Er muss etwa 1,95 m groß gewesen sein, also ein Riese zu seiner Zeit. Seht ihr die Lilien? Sie zeigen, dass es sich um die Rüstung eines französischen Königs handelt.

leons Sohn Napoleon II., der nur 21 Jahre alt wurde. Er wurde 1811 in Paris geboren, wuchs jedoch fern von seinem Vater in Wien bei seinem Großvater, dem Kaiser von Österreich, auf. Daher wurde er auch ursprünglich in Wien beigesetzt. Nachdem Hitler 1940 den Invalidendom besichtigt hatte, veranlasste er die Überführung des Sohnes nach Paris als versöhnliche Geste.

Wenn ihr wieder oben seid, werft einen Blick hinter den Altar. Dort könnt ihr rückwärtig in die Soldatenkirche schauen. Seht ihr die vielen Fahnen? Der Eingang zu dieser Kirche befindet sich im angrenzenden Ehrenhof.

In der nächsten Vitrine dahinter auf der rechten Seite ist eine weitere Rüstung, die Franz I. zugeschrieben wird. Der Helm ist wie ein Löwenkopf gestaltet. Gleich daneben steht die Rüstung von Heinrich von Orleans, dem späteren König Heinrich II. Er war ein Sohn von Franz I. Als dieser in spanische Kriegsgefangenschaft geriet, wurden zwei seiner Söhne, darunter Heinrich, gegen ihren Vater, den König, als Pfand eingetauscht. Er verbrachte vier Jahre in Gefan-

Eingangstor
an der Esplanade
des Invalides

genschaft, bei seiner Freilassung konnte er kaum noch sprechen. Ihr könnt euch sicherlich vorstellen, dass er kein froher junger Mann war. Doch zurück zu seiner Rüstung. Sie ist schwarz und trägt silberne Ziselierungen. Heinrich war der französische Kronprinz. Ihn nennt man im Französischen Dauphin (Delfin). Schaut euch die Rüstung

genau an. Findet ihr die Delfine? Es sind jeweils zwei, die sich gegenüberstehen. Sie sind in der Mitte auf dem Kamm des Helmes und am unteren Ende des Rückenteils eingraviert. Mehrmals tauchen die Buchstaben H, C und D auf. H steht für Heinrich, C steht für Catherina, seine Frau Katherina de Medici. Und das D? Das D ist der Anfangsbuchstabe von Diane von Poitier, seiner Geliebten. Könnt ihr euch noch erinnern, wo ihr schon mal etwas von Heinrich II. gelesen habt? Genau, im Marais in der Rue Saint Antoine. Dort ist er nämlich bei einem Turnier tödlich verletzt worden.

»Hattest du nicht erzählt, dass seine Witwe den ganzen Palast, in dem er gestorben war, abreißen ließ?«, fragte Pollino. »Ja, stimmt genau«, antwortete Pollina. »Durften denn dann noch weiterhin solche Turniere stattfinden?«, wollte Pollino wissen. »Man hat natürlich versucht, solche scharfen Reiter-

*kämpfe zu untersagen, aber es kam erst
später zu einem endgültigen Verbot«, berichtete Pollina. »Heutzutage würde man auch
nicht die Formel 1 verbieten, wenn ein
Fahrer einen tödlichen Unfall hatte«, gab
Pollino zu bedenken.*

In der nächsten Vitrine sind weitere Rüstungen der königlichen Familie zu bestaunen. Seht ihr die Kinderrüstung, die mit
ganz vielen Kleeblättern verziert ist?
Auf der anderen Seite ist ein Schaukasten
den Rüstungen von Ludwig XIII. gewidmet,
darunter mehrere seiner Kinderrüstungen.
Eine ist für das Alter von 5 oder 6 Jahren.
Auch das Nachfolgemodel für den zehnjäh-
rigen Ludwig XIII. ist ausgestellt. Es wiegt
20 kg. Es muss sehr schwierig gewesen
sein, so eine Rüstung zu tragen, denn man
musste mit ihr ja reiten und sich geschickt
bewegen können. Für die Prinzen am französischen Hof gehörten Reiten und Kampf-
übungen zur Erziehung.

Wie die Rüstungen zu wahren Kunstwerken
wurden, könnt ihr bei dem Prunkstück von
Ludwig XIV. feststellen. Auch bei ihr handelt
es sich um ein Geschenk. Die Republik
Venedig brauchte die Unterstützung Frankreichs im Kampf gegen die Türken. Daher
ließen sie dieses reich verzierte Stück für
Ludwig XIV. anfertigen. Auf dem Brustpan-
zer sind in einer großen Lilie Städtean-
sichten aus Flandern eingraviert. Es handelt
sich um die Orte, an denen Ludwig XIV.
Siege errungen hat. Mit dieser Rüstung
wollte man dem König schmeicheln, denn
getragen wurden sie zu dieser Zeit schon
nicht mehr. Wisst ihr, was der König noch
Besonderes von der Republik Venedig geschenkt bekommen hat? Mehrere Gondeln
für den großen Kanal in Versailles.

Wenn ihr nun das Museum verlasst, kommt
ihr in den Ehrenhof. Achtet auf die obere
Fensterreihe, die aus reich verzierten Bull-
augen besteht. Findet ihr, wenn ihr vor dem
Eingang zur Kirche steht, auf der linken
Seite die Figur eines Wolfs? Hierzu gibt es
eine nette Geschichte:

Der Kriegsminister von Ludwig XIV., der
Marquis de Louvois, der den Bau über-
wachte, war sehr stolz auf diese Einrichtung
und wollte dort begraben werden. Doch als
er 1691 starb, verfügte der König seine
Beisetzung auf einem anderen Friedhof in
Paris. Aber der schlaue Markgraf, der wohl

**Dachfenster im
Ehrenhof des Hôtel
des Invalides**

Die Brücke Pont
Alexandre III.
Im Hintergrund der
Invalidendom

geahnt hatte, dass der König seinem
Wunsch nicht folgen würde, hatte sich
schon auf andere Weise am Gebäude vere-
wigen lassen. Im Ehrenhof auf der linken
Seite von der Kirche Saint-Louis ist die
Skulptur eines Wolfes zu entdecken, der
zwischen seinen Pfoten ein Bullauge hat.
Auf Französisch heißt Wolf »Loup«, und der
Wolf sieht »le Loup voit«. Dies wird wie der
Name des Marquis ausgesprochen: Louvois.

Ihr verlasst das Invalidenheim über den
Haupteingang und seht auf die prachtvolle
Grünanlage der **Esplanade**, die fast bis zum
Pont Alexandre III. reicht. Die vier großen
Statuen, die auf Säulen zu beiden Seiten
der Brücke stehen, mussten 1989 auf aus-
drücklichen Wunsch von Staatspräsident

Mitterrand eiligst neu vergoldet werden.
Warum? Die Kuppel des Invalidendoms war
gerade frisch vergoldet worden und so fiel
auf einmal der Grünspan auf den Brücken-
figuren unangenehm ins Auge. Seit kurzem
sind auch auf der anderen Seineseite die
Renovierungsarbeiten der Ausstellungsgebäude Grand Palais und Petit Palais abgeschlossen, und Paris zeigt sich hier in seiner
schönsten Pracht.

RESTAURANTS

1 La Mère Catherine
2 Le Vieux Chalet
3 Relais de la Butte
4 Le Coquelicot
5 Café Tabac des Deux Moulins

GESCHÄFTE

6 Do you speak martien?
7 La Boutique des Anges

5. Rundgang:
Künstlerviertel Montmartre

Typisch für das ehemalige Künstlerdorf Montmartre sind seine engen steilen Gassen und die alten Kneipen, es versprüht einen besonderen Charme. Vor einigen Jahren hat der Film »Die fabelhafte Welt der Amélie« diese Gegend wieder sehr beliebt gemacht.

Montmartre heißt »Berg der Märtyrer«. Dort wurde im 3. Jahrhundert Dionysius enthauptet. Die Legende erzählt, er habe seinen abgeschlagenen Kopf aufgehoben und sei mit ihm noch etwa 10 km gelaufen bis zu dem heutigen, nach ihm benannten Ort Saint-Denis und der gleichnamigen Kirche.

Bis ins 16. Jahrhundert war dieser Hügel bedeckt mit Weinbergen, die von Benediktinerinnen gepflegt wurden. Nur ein einziger Weinberg ist noch erhalten geblieben.
Der Hügel selbst besteht aus gipshaltigem Gestein. Um es abzubauen, wurden viele Stollen in den Berg gegraben. Der Montmartre ist so durchlöchert, dass sein Untergrund heute wie ein Emmentaler Käse aussieht. Deshalb dürfen jetzt hier auch keine hohen Häuser gebaut werden.

Ende des 19. Jahrhunderts war diese Gegend noch sehr dörflich. Der Wein war billig und es entstanden viele Lokale. Künstler zogen wegen der niedrigen Mieten hierher. Es gibt wohl keinen zweiten Ort in Paris, wo so viele berühmte Künstler gewohnt und gearbeitet haben: Henri de Toulouse-Lautrec, Paul Cézanne, Pierre-Auguste Renoir, Vincent van Gogh, Amedeo Modigliani und Pablo Picasso, um nur die berühmtesten zu nennen. Heute ist der Montmartre eine der wichtigsten Touristenattraktionen von Paris, dennoch blieb ein gewisser Charme erhalten.

Ausgangspunkt für euren Spaziergang ist die **Metrohaltestelle Lamarck-Caulaincourt**. Hier gibt es einen großen Aufzug und sobald ihr ins Freie tretet, versteht ihr auch gleich warum: Ihr befindet euch nämlich an

Weinberg
auf dem Montmartre

Pierre-Auguste Renoir »Ball im Restaurant Moulin de la Galette auf dem Montmartre« 1876

einem Hang. Nun heißt es weiter den Montmartre erklimmen und die Rue Saint Vincent hoch zu laufen. Bald kommt auf der linken Seite ein nettes rosa Häuschen mit grünen Fensterläden. Es ist das berühmte Lokal »**Le Lapin Agile**« *(Der Flinke Hase)*. Seht ihr an der Hauswand den Hasen, der in dem Kupfertopf tanzt? Picasso und seine Freunde besuchten gerne dieses schon seit 1860 bestehende Restaurant, in dem auch Musik gespielt wurde.

Gegenüber liegt der letzte Weinberg von Montmartre. Am ersten Samstag im Oktober wird hier die Weinlese mit einem Fest begangen. Dieses kleine Gelände liefert erstaunlicherweise mehrere hundert Flaschen Wein. Ihr geht nun die Rue des Saules weiter hoch bis zur Abzweigung Rue de l'Abreuvoir. An dieser Ecke steht ein kleines hell rosafarbenes Haus. Es wurde von Maurice Utrillo in einem Bild festgehalten. Seine Bilder vom Montmartre haben ihn und das Stadtviertel berühmt gemacht.

Nun geht es weiter die Rue Cortot hinauf bis zu Haus Nummer 12. Dieses im 17. Jahrhundert erbaute Haus ist das älteste von Montmartre, heute befindet sich hier das **Musée Montmartre**. 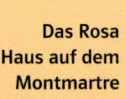 Berühmte

Das berühmte Restaurant Lapin Agile

Das Rosa Haus auf dem Montmartre

Basilika
Sacré-Cœur

Maler wie Pierre-Auguste Renoir, Vincent van Gogh und Maurice Utrillo zählten zu den Bewohnern. 1876 hat Renoir im Garten sein berühmtes Bild »Le Bal du Moulin de la Galette« gemalt. Es zeigt das Treiben in einem sehr bekannten Gartenlokal des Montmartre, das um eine alte, stillgelegte Windmühle angelegt worden war. Um das Licht, das durch die Blätter auf die Personen fällt, wiederzugeben, hat Renoir viele Farbflecken aneinander gesetzt. Die Kritiker meinten, die Gesichter Renoirs seien von Schimmelpilzen überzogen. Das Bild hängt heute im Musée d'Orsay.

Sacré-Cœur

Ihr geht nun weiter, bis ihr von hinten zur Kirche Sacré-Cœur gelangt. Sie liegt wie eine weiße Torte auf der Spitze des Hügels, von hier habt ihr eine hervorragende Aussicht auf Paris. Die Kirche ist ein architektonischer Mix aus allen Baustilen, interessant ist vor allem ihre Entstehungsgeschichte.

Nach dem Deutsch-Französischen Krieg 1870/71 war Paris von den Preußen belagert worden. Die französische Regierung forderte die Abgabe sämtlicher Waffen. Doch auf dem Montmartre weigerte sich die Bevölkerung ihre Waffen und Kanonen herauszugeben. Daraufhin kam es zu blutigen Ausschreitungen mit den Regierungstruppen. Das war der Beginn eines Aufstands, der Pariser Kommune (s. Begriffserklärungen) genannt wird. Um das vergossene Blut zu sühnen, haben die Katholiken gelobt, eine Kirche auf dem Montmartre zu errichten. Es wurde Geld für den Kirchenbau gesammelt, doch erst 1919 konnte dieser eingeweiht werden. Sacré-Cœur heißt heiliges Herz, was »Herz Jesu« bedeutet. Von außen ist der Bau immer schön weiß, da er aus einem Kalkstein gebaut wurde, der sich bei Regen reinigt – sehr praktisch. Innen ist Sacré-Cœur dafür umso dunkler, da die Fenster ganz hoch eingesetzt sind.

Künstler
auf der
Place du
Tertre

Place du Tertre

Von Sacré-Cœur ist es ein Katzensprung zur Place du Tertre. Dort herrscht immer Jahrmarktsatmosphäre, vor allem Bilder werden angeboten oder man kann sich malen lassen. Hier befindet sich auch das sehr alte Restaurant **»La Mère Catherine«**. Mit seinen rotweiß karierten Tischdecken ist es ein typisches Bistro. Die Bezeichnung Bistro für ein einfacheres Restaurant geht auf Kosaken zurück, die 1814 in das Lokal kamen und schnell bedient werden wollten. Sie riefen immer »bistro, bistro«, was »schnell« auf Russisch heißt.

Auf ein weiteres wichtiges Ereignis weist eine Gedenktafel am Haus Nr. 21 hin. Hier fuhr am Heiligen Abend 1898 eines der ersten Autos. Der Konstrukteur Louis Renault saß mit 21 Jahren selbst am Steuer.

»Stell dir vor, Louis Renault glaubte, mit seinen Autos das Problem der Verkehrsstaus lösen zu können, denn an Stelle einer vierspännigen Kutsche könnten sechs Autos fahren. Da hat er sich leider getäuscht«, bemerkte Pollino. *»Ist dir eigentlich aufgefallen, dass das hier einer der wenigen Orte in Paris ist, an dem es keine Autos gibt?«* *»Jetzt wo du es sagst, merke ich es auch, aber wie sollte hier auch noch ein Auto durchkommen, bei den vielen Menschen«,* antwortete Pollina. *»Lass uns weitergehen!«*

Ihr verlasst den Platz, indem ihr geradeaus weitergeht und die Stufen bis zur Rue Ravignan hinabsteigt. Dieser Straße folgt ihr bis zu einem kleinen beschaulichen Platz, der Émile-Goudeau heißt.

Bateau-Lavoir (Picassos Atelier)

Im Haus Nr. 13, rechts auf dem Platz, hatte Picasso sein Atelier. Das Gebäude trug den ulkigen Namen Bateau-Lavoir (*»Waschboot«*), weil es dort nur eine einzige Waschgelegenheit für alle Hausbewohner gab. Bei diesem einen Wasserhahn trafen sich die Mieter mit ihren Kannen. Ursprünglich war dort eine Klavierfabrik untergebracht, die um 1860 in ein Wohnhaus umgestaltet wurde. Das Haus hatte zum Hügel hinab

Gemischtwarenladen
in der
Rue des Trois-Frères

vier Stockwerke. Wie Kabinen auf einem Schiff lagen die Zimmer an einem langen Gang. Es gab weder Elektrizität noch Gas. Da es aus Holz gebaut war, war es auch sehr hellhörig, dazu im Sommer drückend heiß und im Winter eiskalt. Leider fiel es 1970 einem Brand zum Opfer.

Picasso verbrachte hier von 1904–1909 sehr wichtige Jahre. Er lebte dort mit seiner schönen Freundin Fernande Olivier, die er hier kennengelernt hatte. Zu dieser Zeit begann Picasso, Bilder von Zirkusleuten und Gauklern in rosa Tönen zu malen. Diesen waren in blauen Tönen gehaltene Gemälde vorausgegangen. Daher spricht man von der rosa und der blauen Periode. Picasso

war 22 Jahre alt, als er ins Bateau-Lavoir zog. Er hatte damals sehr wenig Geld. Sein Atelier lag im ersten Stock. Es gab einen Raum zum Arbeiten und ein kleines Zimmer mit Matratze zum Schlafen. In Picassos Atelier herrschte immer große Unordnung. Daran änderte sich auch nichts, als Picasso schon berühmt geworden war. Eines seiner Aufsehen erregensten Bilder entstand 1907 im Bateau-Lavoir: » Les Demoiselles d'Avignon«. Wenn ihr es sehen wollt, müsst ihr allerdings nach New York reisen, es hängt dort im Museum of Modern Art. Das Besondere an diesem Bild ist die Art der Darstellung. Die Körper der fünf Frauen sind eckig, ihre Gesichter sind ganz unterschiedlich, eines sieht aus wie eine Maske. Im Centre Pompidou im Museum für moderne Kunst befindet sich eine Studie zu diesem Bild. Auch hier sieht das Gesicht aus wie aus Holz geschnitzt. Dem Werk von Picasso ist auch ein ganzes Museum in Paris gewidmet, es liegt im Viertel Marais.

**Trinkwasserbrunnen auf der Place
Émile-Goudeau**

**Metrostation
Abbesses**

*Pollina erzählte: »Picasso hat rückblickend
gesagt, dass er hier in Montmartre richtig
berühmt gewesen sei. Da seien die Leute
von weither gekommen, um seine Bilder zu
sehen und auch um ihm ihre Bilder zu zeigen und um ihn um Rat zu fragen. Zu dieser
Zeit sei er als Maler bestaunt worden und
noch nicht, wie später, wie ein interessantes
Tier.«*

Picasso hat viel Zeit auf diesem kleinen
Platz zugebracht, wo ihr jetzt steht. Dort
findet ihr eine Pariser Besonderheit, eine
»Fontaine Wallace«. Es handelt sich um
Trinkwasserbrunnen aus grünem Gusseisen,
wie ihr sie in ganz Paris finden könnt. Ihr
Spender war ein sehr reicher Engländer, Sir
Richard Wallace, der in Paris gelebt hat und
bei der Belagerung der Stadt während des
Deutsch-Französischen Krieges die Entbeh-
rungen der Bevölkerung miterlebt hatte.

Nach dem Krieg ließ er diese Brunnen errichten, damit man in Paris nicht mehr an
Wassermangel leiden musste. Es gibt heute
noch 108 solcher Brunnen.

Steigt nun die Treppen bis zur **Rue des
Trois-Frères** hinab und biegt nach links.
Nach etwa 50 Metern kommt ihr zu einem
Gemischtwarenladen. Ihr werdet euch
vielleicht fragen, was nun an diesem Geschäft so besonders ist, außer dass es sehr
französisch aussieht und ihr bisher auf dem
Montmartre noch kein Lebensmittelge-
schäft gesehen habt. Hier steht ihr vor
einem Drehort des Films »Die fabelhafte
Welt der Amélie«. Das ist der Laden des
gemeinen Händlers, der seinen jungen
Angestellten abfällig behandelt. Dieser Film,
der auf dem Montmartre spielt, hat das
Stadtviertel wieder ins Zentrum des Interes-
ses der Touristen gerückt. Man könnte den
Eindruck gewinnen, dass der Montmartre
nur von Touristen bevölkert wird, aber dem
ist nicht so.

Der Abschluss eures Montmartrespazier-
gangs ist die **Metrostation Abbesses**. Achtet auf die Gestaltung des Metroeingangs.
Es handelt sich noch um das ursprüngliche
Dekor mit einem Regendach von Hector
Guimard. Das Glasdach sieht ein bisschen
aus wie ein Blatt, oder etwa nicht?

6. Rundgang:
Ausflug nach Versailles

Versailles ist das Schloss aller Schlösser. Es liegt 22 km außerhalb von Paris in der gleichnamigen Stadt. Ursprünglich hatte Ludwig XIII. dort ein kleines Jagdschloss. Sein Sohn Ludwig XIV. beschloss, daraus eine große Residenz zu machen und mit dem gesamten Hofstaat dorthin zu ziehen. Er tat dies auch, um die adligen Familien besser unter Kontrolle zu haben. 1682 fand der Umzug nach Versailles statt, die Bauarbeiten gingen dennoch weiter. Versailles erreicht ihr mit dem RER Linie C bis Versailles Rive Gauche.

Das Schloss

Von weitem ist der riesige Schlosskomplex zu sehen. Wenn ihr nun durch das schmiedeeiserne Tor geht und über das unbequeme holprige Pflaster zum Besuchereingang lauft, dann könnt ihr euch bestimmt vorstellen, das man eine gute Viertelstunde braucht, um die gesamte Fassade des Schlosses abzulaufen. Hier waren einmal mit der Dienerschaft etwa 10 000 Menschen untergebracht. Wie mag wohl das Leben dort unter Ludwig XIV. gewesen sein? Alles war auf ihn, den König, zugeschnitten, alles drehte sich um ihn.

Versailles

Pollina und Pollino standen in der Schlange zum Besuchereingang. »Na, Pollina hattest du dir das Schloss so vorgestellt?«, wollte Pollino wissen. »Ja und nein. Ich finde das Pflaster sehr unbequem. Wie die Damen hier mit ihren feinen Schuhen überhaupt gehen konnten? Ich dachte hier wäre alles schön«, antwortete Pollina. »Das kannst auch nur du glauben mit deinem verklärten Blick. Denk doch nur an das Leben der Dienerschaft, ohne Heizung!«, gab Pollino zu bedenken. »Was meinst du, welcher der wichtigste Raum hier im Schloss war?«, lenkte Pollina ab. »Ah, natürlich der Spiegelsaal!«, sprudelte Pollino hervor. »Nein, ganz und gar nicht, das Schlafzimmer des Königs!« »Was, das Schlafzimmer! Das ist doch ein ganz privater Raum?« »Ja, für uns, aber nicht für den König von Frankreich. Im Leben von Ludwig XIV. war alles öffentlich und er hatte keinerlei Privatleben. Das Aufstehen und das Zubettgehen waren wichtige öffentliche Zeremonien.« Bei diesem Thema war Pollina wieder ganz in ihrem Element. Langsam wurde auch Pollino richtig neugierig das Schloss zu besichtigen.

Heute ist nur ein kleiner Teil des Schlosses für Besucher zugänglich, aber es handelt sich um die wichtigen Zimmerfolgen des Königs und der Königin.

Ausgangspunkt für die Besichtigung ist die **Schlosskapelle** im Erdgeschoss. Sie ist zweigeschossig. Der König und seine Familie hatten ihren Platz im oberen Geschoss. Im großen Salon im oberen Stock vor der Kirche beginnt der eigentliche Rundgang. Hier schließt sich ein Empfangsraum an den anderen an. Diese Räume nennt man »salons« und sie tragen Namen von Figuren aus der Mythologie, die immer auf den Deckengemälden dargestellt sind. Während

Der Spiegelsaal im
Schloss von Versailles

der Wintermonate fanden an drei Abenden der Woche hier gesellschaftliche Empfänge statt. Im Salon de Diane war ein Billardtisch aufgestellt, dort spielte auch der König. Im Salon de Mars wurden Konzerte gegeben. In dem großen Salon de Mercure hielt der König seine Audienzen ab. Jeder hatte das Recht sich an den König zu wenden. Doch war es natürlich nicht sehr einfach bei diesen Menschenansammlungen bis zum König vorzudringen. Abends wurde aus diesem Raum ein Spielsaal für die königliche Familie. Das Glücksspiel war zu dieser Zeit in Frankreich verboten. Doch hier war es erlaubt, auch dies ein geschickter Kniff des Königs, um die Prinzen und die Familie an Versailles zu binden. Das Bett, das ihr hier seht, ist nicht das eigentliche Bett des Königs. Da müsst ihr euch noch ein ganz klein bisschen gedulden.

Nun kommt ihr in den **Salon d'Apollon**. Ist euch aufgefallen, dass die Ausschmückung der Räume immer prächtiger wird? Hier könnt ihr Ludwig XIV. auf einem Gemälde sehen. Schaut er nicht ein bisschen herablassend? Aber für diesen Blick konnte er nichts, er lag in der Familie. Er ist mit allen Zeichen der Macht ausgestattet: Zepter, Krone, Schwurhand und Schwert. Er trägt einen schweren blauen Krönungsmantel, der mit goldenen Lilien verziert und mit kostbarem Hermelinpelz gefüttert ist, sehr eindrucksvoll. Die Schuhe haben rote hohe Absätze, wie es nur die französischen Adeligen damals trugen. Der König war sehr groß und hätte eigentlich gar keine Absätze benötigt.

Dem Salon de la Guerre schließt sich der
große, 75 m lange **Spiegelsaal** an. Er verbindet die Räume des Königs mit denen der
Königin. In dieser spektakulären Galerie hängen 17 hohe Spiegel jeweils einem Fenster
gegenüber. Die großen Spiegelflächen sind
aus insgesamt 357 einzelnen Spiegeln zusammengesetzt. An den Decken hängen
große Kronleuchter mit Kristallen. Hier
fanden viele herrliche Bälle und Feste statt.

*»Spiegel waren zu dieser Zeit, also Ende des
17. Jhs., Anfang des 18. Jhs., selten und sehr
teuer, denn ihre Herstellung war ein großes
Geheimnis. Nur in Venedig wussten die
Glasbläser, wie man Spiegel macht«, berichtete Pollina. »Ja und wie kamen dann die
vielen Spiegel hierher? Das muss ja ein
Vermögen gekostet haben!«, rief Pollino.
»Ludwig XIV. ging sehr geschickt vor, indem
er venezianische Spiegelmacher mit hohen
Summen abwarb und mit ihrer Hilfe eine
eigene Spiegelmanufaktur in Paris gründete.
Die Venezianer duften aber ihr Geheimnis
nicht verraten, denn darauf stand in Venedig
die Todesstrafe«, führte Pollina weiter aus.
»Oh, das klingt aber spannend, wie ein Fall
von Industriespionage!« Pollino ließ seine
Augen durch den Spiegelsaal wandern.
»Haben wir nun eigentlich das Schlafzimmer
des Königs schon gesehen?«, wollte er wissen. »Nein, da müssen wir noch in die kleine-
ren Gemächer des Königs abbiegen.«*

Denn außer den repräsentativen Räumen
des Königs gibt es noch fünf kleinere Zimmer: ein Raum für die Wachen des Königs,
einer für die Wartenden und schließlich das
berühmte **Schlafzimmer** des Königs. Nur

Das Schlafzimmer
des Königs

ein großes Bett mit Baldachin befindet sich
in diesem nicht allzu großen Raum. Über
dem Bett ist ein goldenes Emblem mit einer
Frauenfigur, die Frankreich verkörpert, angebracht. Sie wachte über den Schlaf des
Königs. Am Fußende des Bettes schlief
immer ein Diener. Jeden Morgen um 8.30 Uhr
fand das Zeremoniell des Aufstehens und
um 23 Uhr des Zubettgehens statt. Könnt ihr
euch vorstellen, wie viele Menschen sich
dazu in diesen Raum drängten? Es war eine
große Ehre, wenn man bei diesem Ritual
etwas tun durfte, wie zum Beispiel den
Kerzenleuchter halten. Morgens, wenn noch
niemand da war, konnte der König von
seinem Bett aus den Sonnenaufgang beobachten. Das Zimmer war extra so ausge-
sucht und der Garten so angelegt, dass
dieses Schauspiel möglich war. Der König

**Das Schlafzimmer
der Königin**

fliehen, als das wütende, hungrige Volk in
ihre Gemächer vorgedrungen war.

Die wichtigste Aufgabe einer Königin be-
stand darin, Kinder zu bekommen. Die Ge-
burten der Königin waren daher auch öffentlich. Ratet mal wie viele Kinder in diesem
Raum das Licht der Welt erblickt haben? Es
waren 14!!! Die Stoffe und Tapeten wurden
in diesem Zimmer zweimal im Jahr gewech-
selt. An das Schlafzimmer schließen sich der
Empfangsraum der Königin und ein größerer
mit schönen Gemälden geschmückter Raum
an, in dem die königliche Familie speiste,
dazu wurde musiziert. Ein Raum für die
Wachen beschließt die Zimmerfolge.

hatte für sich das Zeichen der Sonne gewählt. Ihr könnt sie an vielen Stellen im
Schloss und im Garten entdecken. Daher
trägt Ludwig XIV. auch den Beinamen Sonnenkönig. Nach dem Schlafzimmer kommt
das Arbeitszimmer.

Die **Räume der Königin** befinden sich sym-
metrisch zu denen des Königs auf der ande-
ren Seite des Spiegelsaals: zunächst der
Salon de la Paix, die Entsprechung zum
Salon de la Guerre. Es folgt das Schlafzim-
mer der Königin. Hier haben drei Königinnen
gewohnt: Erst Maria Theresia, die Gemahlin
Ludwig XIV., dann Marie Leszczinska, die
Gemahlin Ludwig XV. und schließlich Marie
Antoinette, die Gemahlin von Ludwig XVI.
Sie musste von hier am 6. Oktober 1789
durch die kleine Tür links neben dem Bett

Wenn ihr nun das Schloss verlasst, kommt
ihr noch durch Räume, die der Zeit nach der
Revolution (s. Begriffserklärungen) gewidmet sind. Hier hängt eine spätere Version
der »Kaiserkrönung Napoleons« von Jacques
Louis David, die ihr vielleicht schon im
Louvre bestaunt habt. Nachdem ihr hier
gerade das Krönungsporträt von Ludwig
XIV. gesehen habt, könnt ihr alle Insignien
der Macht bei Napoleon wieder finden.
Selbst den Krönungsmantel mit dem Her-
melinfutter hat er kopiert. Nur die Farbe hat
er in Rot geändert und die Lilie gegen sein
Zeichen der Biene ausgetauscht.

Hier in Versailles haben auch zwei in der
deutschen Geschichte wichtige Ereignisse
stattgefunden. Nach dem Deutsch-Französischen Krieg hatten die Deutschen ihr
Hauptquartier 1871 in Versailles eingerichtet. Dort wurde der preußische König Wil-
helm I. im Spiegelsaal zum Deutschen Kai-

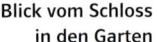

Blick vom Schloss
in den Garten

ser proklamiert. Dies war aber gar nicht der Wunsch des Königs gewesen, sondern er hatte sich der Politik seines Ministers Otto von Bismarck gebeugt.

Nach dem Ersten Weltkrieg wurden 1919 wiederum in Versailles die Friedensverträge ausgehandelt. Doch Deutschland als das Land der Verlierer war bei den Verhandlungen nicht dabei. Dementsprechend hart fielen die Forderungen gegenüber Deutschland aus.

Pollina und Pollino verließen das Schloss. »Weißt du was noch schöner sein soll als das Schloss?«, fragte Pollino spitzbübisch. »Nein.« »Der Garten von Versailles!«, gab Pollino lachend zur Antwort. »Ludwig XIV. hat an der Gartengestaltung besonderes Interesse gehabt.« »Soso, dann wollen wir uns mal die Gärten anschauen.« Damit war Pollina schon auf dem Weg nach draußen.

Der Garten 2

Der Park war früher zehnmal größer als heute, da sich damals das königliche Jagdgebiet daran anschloss. Aber er ist auch heute noch immens. Mit der Anlage war der Gartenarchitekt Le Nôtre beauftragt worden, dem hier ein Meisterwerk gelungen ist. Die Parkanlage ist vollkommen symmetrisch. Diesen Stil bezeichnet man als den französischen, im Gegensatz zum englischen Stil, bei dem der Garten sich durch eine natürlichere Gestaltung auszeichnet. Wenn ihr noch etwas Geduld habt, könnt ihr hier später auch eine englische Gartenanlage sehen.

Doch zurück zum Park von Le Nôtre. Zwei riesige Wasserbecken, die wie liegende Spiegel aussehen, markieren die Mittelinie. Überall gibt es Sichtachsen und es tun sich immer wieder Überraschungen auf. Die Dekorationen – Figuren, Vasen und Brunnen – entstammen alle der Mythologie. So bildet

Petit Trianon

der Apollo-Brunnen einen Schlusspunkt auf der Mittelachse. Apollo war der griechische Sonnengott. Daher war er für Ludwig XIV., den Sonnenkönig, sehr wichtig. Dahinter schließt sich der kreuzförmig angelegte große Kanal an. Hier kamen die venezianischen Gondeln, die die Republik Venedig dem König geschenkt hatte, zum Einsatz.

»Hast du auch die Geschichte vom Dromedar gelesen?«, wollte Pollino wissen. »Nein,

was für ein Dromedar?« »Ludwig XIV. hatte hier im Park eine Ménagerie, eine Art Zoo, in der seltene Tiere gehalten wurden. Darunter war auch ein Dromedar. Damit es immer gesund bliebe, bekam es täglich eine Flasche guten Rotwein aus den königlichen Weinkellern. Als es nach einigen Jahren starb, schrieb der Wächter des Dromedars eine Bittschrift an den König, ob nicht er die Rotweinration an Stelle des Tiers bekommen könnte«, erzählte Pollino. »Ja und? Hat er sie bekommen?«, fragte Pollina neugierig. »Das stand da leider nicht. Aber ich nehme es kaum an. Die Ménagerie musste natürlich auch während der Revolution aufgelöst werden. Man hat die Tiere in den Jardin des Plantes nach Paris gebracht«, berichtete Pollino weiter. Was wir noch unbedingt anschauen müssen ist der Teil des Parks, den Marie Antoinette hat gestalten lassen! Ach, schau mal! Da steht schon ein Wegweiser »Le Domaine de Marie Antoinette«, das wird es sein.« Pollina war auf einmal richtig aufgeregt.

Am rechten Arm des großen Kanals liegt ein Gartenschloss, das Grand Trianon. Nicht weit davon entfernt befindet sich ein weiteres kleineres Schlösschen, das Petit Trianon.

Petit Trianon ③

Dieses kleine Gartenschloss hat Ludwig XVI. seiner Frau Marie Antoinette geschenkt. Sie konnte den strengen Hofregeln in Versailles sehr wenig abgewinnen, daher zog sie sich sehr gerne dorthin zurück. Dieses weiße Schlösschen ist nicht sehr groß. Die Innenräume im ersten Stock könnt ihr besichtigen. Wenn ihr das Schlafzimmer von Marie Antoinette seht, könnt ihr euch bestimmt vorstellen, warum sie sich hier lieber aufhielt als im großen Schloss.

Pollina und Pollino hatten soeben Petit Trianon besichtigt, als Pollina schon weiter drängte. »Wir müssen uns noch unbedingt den Garten anschauen. Er war Marie Antoinette besonders wichtig. Dort hat sie sogar ein richtiges kleines Dorf bauen lassen. Wir müssen nach dem Wegweiser »Le Hameau de la Reine« Ausschau halten.« Von Pollino kam daraufhin nur ein mattes »okay, okay. Da es nicht gleich um die Ecke zu sein scheint, kannst du mir vielleicht auch noch etwas über Marie Antoinette erzählen?« »Aber gerne! Marie Antoinette war eine Tochter von Maria Theresia, der österreichischen Kaiserin. Sie wurde mit 15 Jahren mit

dem französischen Thronfolger, der auch gerade erst 16 Jahre war, 1770 verheiratet. Vorher wurde ihr noch in aller Eile Französisch beigebracht. Das kleine Trianon und sein Garten hatten viel Geld gekostet und Marie Antoinette beim Volk sehr unbeliebt gemacht. Hierher wurden nur einige wenige enge Vertraute eingeladen und das Hofleben in Versailles verwaiste. So mochte der französische Adel sie auch nicht«, erzählte Pollina.

Marie Antoinette ließ den Garten nach englischem Vorbild neu anlegen. Hier gibt es keine geschnittenen Buchsbaumhecken, sondern die Natur durfte sich frei entfalten. Oder vielmehr sollte es so aussehen, als ob alles natürlich gewachsen sei. Allerdings musste in diesem Park auch alles vorhanden sein: ein Flüsschen, ein Teich, ein Berg, eine Grotte, ein griechischer Tempel und ländliche Häuser. Am äußersten Rand des Gartens wurde auf den Wunsch von Marie Antoinette ein kleines idyllisches Dorf errichtet. Um einen Weiher lagen mehrere Stroh gedeckte Bauernhäuser. Ihr könnt dort heute eine Mühle, ein Fischertürmchen, ein Taubenhaus und eine Molkerei entdecken. Etwas abseits liegt ein Hof, in dem

Das Schlafzimmer von Marie Antoinette im Petit Trianon

Dorfanlage im Garten des Petit Trianon

Tiere gehalten wurden, so die beiden Kühe Brunette und Blanchette. In diesem kleinen Dorf arbeiteten richtige Bauern. Wenn Marie Antoinette dort mit ihren Hofdamen auftauchte, wurde selbst der Stall blitzblank geputzt und die Milch nicht in Eimer, sondern in feinstes Porzellan gemolken. Die Häuschen sollten auch richtig alt und ärmlich aussehen. So wurden extra Risse in die Hauswände geschlagen, die Schornsteine geschwärzt und einige Dachschindeln entfernt, um alles möglich echt aussehen zu lassen. Die Innenräume wurden aber behaglich und komfortabel ausgestattet. So sah die Wunschwelt aus, die Marie Antoinette sich hier geschaffen hatte.

Leider entsprach diese ländliche Idylle überhaupt nicht dem tatsächlichen Leben der Bauern in Frankreich, die gerade zu dieser Zeit große Not litten. Dass Marie Antoinette sich nie wirklich aufs Land bege-
ben und sich mit den Zuständen in Frankreich beschäftigt hat, wurde ihr später zum Verhängnis. Auch ihr Mann Ludwig XVI. interessierte sich eigentlich nur für die Jagd. Am 14. Juli 1789, dem Tag des Sturmes auf die Bastille, der großen Unruhen in Paris, notierte er schlicht in sein Tagebuch »rien« (»nichts«). Denn er hatte an diesem Tag nichts gejagt. Welche Folgen dieses Desinteresse an den tatsächlichen Lebensumständen des Volkes für den König und die Königin hatte, habt ihr ja nun schon des Öfteren gehört: sie wurden hingerichtet.

»Hat hier nach Marie Antoinette noch jemand gewohnt?«, wollte Pollino wissen. »Aber ja«, gab Pollina zur Antwort, »zum Beispiel Marie Louise, die zweite Frau von Napoleon, die auch aus Österreich stammte«.

Sehenswürdigkeiten im Überblick

Fast alle der hier angegebenen Museen und Monumente gewähren für Kinder unter 18 Jahren freien Eintritt, trotzdem benötigen sie öfters ein Ticket. Für Erwachsene gibt es einen Museumspass, der für 2, 4 oder 6 Tage erworben werden kann. Dieser Pass ist nur an aufeinander folgenden Tagen gültig. Er kann bei allen teilnehmenden Museen und Monumenten, Tourismusbüros oder in den Fnac-Geschäften gekauft werden. Der Pass lohnt sich, wenn man in kurzer Zeit viele Sehenswürdigkeiten besichtigt, vor allem vermeidet man lange Warteschlangen vor den Kassen. www.parismuseumpass.fr

Triumphbogen *(Arc de Triomphe)*
Place Charles de Gaulle, 8. Arr.
www.monum.fr
tgl. 10.00 – 23.00 Uhr (1.4. – 30.9.),
10.00 – 22.30 Uhr (1.10. – 31.3.)
Trotz der langen Öffnungszeiten gibt es meist lange Warteschlangen.
Eintritt unter 18 Jahre frei
Metro: Charles de Gaulle Étoile

Arena *(Arènes de Lutèce)*
47, rue Monge, 5. Arr.*
tgl. 8.00 – 21.30 Uhr (Sommer),
8.00 – 17.30 Uhr (Winter)
Metro: Cardinal Lemoine

Centre Pompidou,
Musée national d'Art Moderne
Place Georges Pompidou, 4. Arr.
www.centrepompidou.fr
tgl. 11.00 – 21.00 Uhr, außer Di. und 1. Mai

Eintritt unter 18 Jahre frei, dennoch sind an der Kasse kostenlose Eintrittskarten für Kinder zu lösen.
Metro: Rambuteau

Conciergerie
2, boulevard du Palais, 1. Arr.
www.monum.fr
tgl. 9.00 – 17.00 Uhr (1.11. – 28.2.),
9.30 – 18.00 Uhr (1.3. – 31.10.)
Eintritt unter 18 Jahre frei.
Doppeltickets für die Conciergerie und die Sainte-Chapelle kauft man wegen der meist langen Schlangen bei der Sainte-Chapelle besser bei der Conciergerie.
Metro: Cité, Châtelet

Eiffelturm *(Tour Eiffel)*
Champs de Mars –
5, av. Anatole France, 7. Arr.
www.tour-eiffel.fr
tgl. 9.30 – 23.45 Uhr (Aufzüge), 9.30 – 18.30 Uhr (Treppen), Mitte Juni bis Anfang September 9.00 – 0.45 (Aufzüge), 9.00 – 0.30 Uhr (Treppen)
Tickets für ersten und zweiten Stock oder bis zur Spitze (hierfür Umsteigen im zweiten Stock)
Metro: Bir-Hakeim, Trocadéro, École Militaire

Hôtel de Sully
62, rue Saint-Antoine, 4. Arr.
www.monum.fr
Besichtigung nur von außen möglich
Metro: St-Paul, Bastille

*Arrondisment = Stadtbezirk = Arr.

Rathaus *(Hôtel de Ville)*
Place de l'Hôtel-de-Ville, 4. Arr.
Besichtigung nur von Außen
Metro: Hôtel de Ville

Invalidendom *(Église du Dôme)*
Hôtel des Invalides und **Armeemuseum**
(Musée de l'Armée)
129, rue de Grenelle, 7. Arr.
www.invalides.org
tgl. 10.00 – 17.00 Uhr (1.10. – 31.3.)
10.00 – 18.00 Uhr (1.4. – 30.9.),
jeden ersten Montag im Monat, 1. Januar,
1.Mai, 1. November, 25. Dezember geschlossen; Eintritt unter 18 Jahre frei. Eintrittskarte gilt für den Invalidendom und das
Armeemuseum
Metro: Invalides, Varenne, La Tour
Maubourg

Musée Carnavalet
(Museum der Stadtgeschichte)
23, rue de Sévigné, 3. Arr.
Di.-So. 10.00 – 18.00 Uhr
Eintritt frei
Metro: St-Paul, Chemin Vert

Musée de l'Orangerie
Jardin des Tuileries, 1. Arr.
www.musee-orangerie.fr
Mi. – Mo. 12.30 – 19.00 Uhr, Fr. bis 21.00 Uhr.
Di., 1. Mai und 25. Dezember geschlossen
Metro: Concorde

Musée d'Orsay
62, rue de Lille, 7. Arr.
www.musee-orsay.fr
Di. – So. 9.30 – 18.00 Uhr, Do. bis 21.45 Uhr
Um die meist langen Warteschlangen am

Eingang zu vermeiden, kann man im Kiosk
des Museums im voraus Karten erwerben.
An dem Tag, für den man das Ticket gekauft
hat, darf man ohne anzustehen den
Eingang C benutzen. Dasselbe gilt, wenn
man einen Museumspass hat.
Eintritt unter 18 Jahre frei
Metro: Solférino

Musée du Louvre
Cour Napoléon, 1. Arr.
www.louvre.fr
Mi. – Mo. 9.00 – 18.00 Uhr,
Mi. und Fr. 9.00 – 22.00 Uhr
Die Säle der französischen Malerei, die im
Führer besprochen werden, sind donners-
tags geschlossen. Da sich die Zeiten ändern
können, ist es anzuraten, im Internet die
Öffnungszeiten zu überprüfen.
Eintritt unter 18 Jahre frei.
Metro: Palais Royal Musée du Louvre

Musée Montmartre
12, rue Cortot, 18. Arr.
www.museedemontmartre.fr
Mi. – So. 11.00 – 18.00 Uhr, 1. Januar,
1. Mai und 25. Dezember geschlossen
Metro: Lamarck Caulaincourt, Abbesses

**Musée national du Moyen-Âge Thermes
et hôtel de Cluny** *(Museum des Mittelalters)*
6, place Paul Painlevé, 5. Arr.
www.musee-moyenage.fr
Mi. – Mo. 9.15 – 17.45 Uhr
Eintritt unter 18 Jahre frei
Metro: Cluny La Sorbonne, St-Michel,
Maubert Mutualité

Musée Picasso
5, rue de Thorigny, 3. Arr.
Mi.–Mo. 9.30–18.00 Uhr (Sommer),
9.30–17.30 Uhr (Winter)
www.musee-picasso.fr
Metro: St-Paul

Musée du Quai Branly
37, quai Branly, 7. Arr.
www.quaibranly.fr
Di., Mi., So. 11.00–19.00 Uhr, Do., Fr.,
Sa. 11.00–21.00 Uhr
Eintritt unter 18 Jahre frei
Metro: Alma Marceau, Bir-Hakeim

Notre-Dame de Paris
Parvis de Notre-Dame, 4. Arr.
www.cathedraledeparis.com
tgl. 8.00–18.45 Uhr, Sa., So. bis 19.15 Uhr
So. um 16.30 Uhr kostenloses Orgelkonzert
Die Reliquien können in der Schatzkammer
(Trésor) jeden ersten Freitag im Monat
um 15.00 Uhr besichtigt werden. Während
der Fastenzeit (die 40 Tage vor Ostern)
jeden Freitag um 15.00 Uhr und am Karfrei-
tag von 10.00–17.00 Uhr.
Turm: täglich 10.00–17.30 Uhr (Winter),
9.00–20.00 Uhr (Sommer); Juni, Juli und
August Sa. und So. bis 23.00 Uhr.
Eintritt unter 18 Jahre frei
Metro: Cité

Sacré-Cœur
18. Arr.
tgl. 9.00–17.45 Uhr, im Sommer bis 19.00 Uhr
Metro: Anvers, dann Standseilbahn
(Funiculaire), im Metroticket inbegriffen

Sainte-Chapelle
4, boulevard du Palais, 1. Arr.
www.monum.fr
täglich 9.00–17.00 Uhr (1.11.–28.2.),
9.30–18.00 Uhr (1.3.–31.10.)
Es gibt Doppeltickets für die Sainte-Chapelle
und die Conciergerie, die bei langer Warte-
zeit bei der Sainte-Chapelle auch bei der
Conciergerie gekauft werden können. Eintritt unter 18 Jahre frei. Man sollte möglichst früh am Morgen kommen, um langes
Anstehen zu vermeiden.
Metro: Cité, Châtelet

St-Germain-des-Prés
Place St-Germain-des-Prés, 6. Arr.
www.eglise-sgp.org
täglich 8.00–20.00 Uhr
Metro: St-Germain-des-Prés

St-Sulpice
Place St-Sulpice, 6. Arr.
www.paroisse-saint-sulpice-paris.org
täglich 7.30–19.30 Uhr
Metro: St-Sulpice

Versailles
www.chateauversailles.fr
Schloss: Di.–So. 9.00–17.30 Uhr (1.11.–31.3.),
9.00–18.30 Uhr (1.4.–31.10.)
Eintritt unter 18 Jahre frei
RER Linie C bis Versailles-Rive Gauche

Petit Trianon
Di.–So. 12.00–19.30 Uhr
(3.4.–31.10.), Zugang zur Besichtigung der
Innenräume bis 17.45 Uhr, vom 1.11.–31.3.
ist nur der Garten geöffnet

Freizeit in und um Paris

PARKS

Die Kinder von Paris gehen zum Spielen in die öffentlichen Parkanlagen. Dort gibt es zumeist neben Spielplätzen noch altertümlich anmutende Karussells, man kann auf Ponys oder Eseln reiten und Marionettentheater besuchen.

Jardin des Tuileries

Die an den Louvre grenzende Grünanlage war einer der ersten öffentlichen Gärten. Hier können kleine Segelboote für das runde Wasserbecken ausgeliehen werden. Im Sommer wird auch ein Trampolin aufgestellt. Zudem gibt es zwei Gartenlokale. Von Ende Juni bis Ende August findet ein großer Jahrmarkt mit einem Riesenrad statt; Rue de Rivoli, 1. Arr.; täglich 7.00 – 21.00 Uhr von April bis September, 7.30 – 19.30 Uhr von Oktober bis März. www.jardins.paris.fr Metro: Tuileries

Jardin du Luxembourg

Dies ist der schönste Park von Paris. Er gehört zu dem gleichnamigen Schloss, in dem heute der Senat seinen Sitz hat. Der Garten und das Schloss wurden für Maria de Medici gebaut, als sie nach dem Tod ihre Mannes König Heinrich IV. beschlossen hatte den Louvre zu verlassen. Da die Königin aus Florenz stammte, ließ sie sich von italienschen Gärten inspirieren. Hier gibt es ein bekanntes Marionettentheater, das über ein eigenes, festes Häuschen verfügt. Vorführungen samstags, sonntags und mittwochs und während der Schulferien;

26, rue Vaugirard, 6. Arr.; täglich 9.00 – 19.00 Uhr; www.guignolduluxembourg.monsite. orange.fr Metro: Vavin

ZOO

Ménagerie du Jardin des Plantes: Schöner kleiner Tierpark im Botanischen Garten. Dieser Zoo wurde schon 1794 gegründet, um hier nach der Revolution die Tiere aus dem Besitz des Königs unterzubringen (3, quai Saint-Bernard, 5. Arr., Zugang durch den Jardin des Plantes; täglich 9.00 – 17.00 Uhr) www.mnhn.fr Metro: Jussieu, Place Monge

SCHWIMMBAD

In Paris gibt es leider keine Freibäder. Seit einigen Jahren wird im Sommer am Uferkai der Seine ein richtiger Sandstrand aufgeschüttet: Paris Plage. Für Touristen dürfte dieser Strand aber kaum anziehend sein.

Aquaboulevard

Riesiges Schwimmbad mit Rutschen, Wasserfällen und allen erdenklichen anderen Effekten. Leider hat Schwimmen in Paris seinen Preis! (4, rue Louis-Armand, 15. Arr.; Mo. – Do. 9.00 – 23.00 Uhr, Fr. 9.00 – 24.00 Uhr, So. und Feiertage 8.00 – 23.00 Uhr) www.aquaboulevard.com Metro: Balard

CITÉ DES SCIENCES ET DE L'INDUSTRIE

Auf dem ehemaligen Gelände des Schlachthofs ist ein beeindruckendes Museum errichtet worden. In dem riesigen Ausstellungsgelände lernen Besucher verschiedenste Bereiche der Technik kennen. In der Cité des Enfants (Bereiche für drei- bis fünfjährige und fünf- bis zwölfjährige Besucher) erfahren Kinder auf spielerische Art, wie zum Beispiel der Körper funktioniert. Im Kino La Géode, das in einer Kugel untergebracht ist, werden Filme auf einer 180°-Leinwand gezeigt. Wenige Schritte weiter kann man ein richtiges Unterseeboot, das Argonaute, besichtigen (30, avenue Corentin-Cariou, 19. Arr.; Di.–Sa. 10.00–18.00 Uhr, So. 10.00–19.00 Uhr; verschiedene Eintrittskarten, je nachdem welchen Bereich man besuchen möchte. **www.cite-sciences.fr** Metro: Porte de la Villette

SCHIFFSRUNDFAHRTEN

Eine sehr schöne Möglichkeit Paris kennen zu lernen bieten Schiffsrundfahrten auf der Seine.
Sie werden von mehreren Gesellschaften angeboten. Die bekanntesten sind die Bateaux Mouches, die vom Pont Alma (Metro: Alma Marceau) starten.
Am Fuße des Eiffelturms legen die folgenden Ausflugsboote ab:
Les Bateaux Parisiens, Port de la Bourdonnais, **www.bateauxparisiens.com** Metro: Bir-Hakeim
Vedettes de Paris, Port de Suffren, **www.vedettesdeparis.com** Metro: Bir-Hakeim
Neben diesen Rundfahrten gibt es noch eine Art Schiffsbus, bei dem man an verschiedenen Stationen aussteigen und später wieder weiterfahren kann.

Batobus, Port de la Bourdonnais, **www.batobus.com** Tickets für einen Tag, zwei oder fünf aufeinander folgende Tage. Metro: Bir-Hakeim

FREIZEITPARKS AUSSERHALB VON PARIS
Disneyland
Dieser europäische Ableger des amerikanischen Disneyworld bietet ein vielfältiges Angebot an Vergnügungen. Es gibt fünf verschiedene Themenparks: Main Street, U.S.A. führt in die amerikanische Vergangenheit, im Fantasyland trifft man auf die bekannten Disney-Märchenfiguren, im Frontierland erlebt man den Wilden Westen, Adventureland wartet mit spannenden Abenteuern auf und im Discoveryland geht's in die Zukunft.
April bis September täglich 9.00–23.00 Uhr, sonst 10.00–18.00 Uhr.
www.disneylandparis.com RER Linie A Richtung Marne-la-Vallée

Parc Asterix
Dieser Vergnügungspark ist den französischen Comichelden Asterix und Obelix gewidmet. April bis Oktober täglich 10.00–19.00 Uhr, zwischen Weihnachten und Neujahr spezielle Öffnungszeiten.
www.parcasterix.fr RER Linie B 3 bis Roissy und weiter mit dem Bus Parc Asterix; seit kurzem gibt es auch eine Busverbindung direkt vom Louvre, Abfahrt 10.00 Uhr, Rückfahrt 18.30 Uhr.

Feste und Feiertage

Hier findet ihr die Feste und Feiertage, die sich von unseren unterscheiden oder anders gefeiert werden.

6. Januar – Dreikönigsfest *(Épiphanie)*:
Zu diesem Fest gibt es in Frankreich einen speziellen Kuchen, der Galette des rois heißt. Das besondere an diesem Blätterteig-kuchen ist ein kleines Porzellanfigürchen, das mitgebacken wird. Wer das Stück mit der Figur bekommen hat, ist König bzw. Königin und darf die immer dem Kuchen beigelegte Papierkrone aufsetzen.

2. Februar – Maria Lichtmess *(Chandeleur)*:
An diesem Tag wird gefeiert, dass die Tage wieder länger werden. Es gibt Crêpes (Pfannkuchen), weil ihre runde Form an die Sonne erinnert.

1. April: An diesem Datum sind auch in Frankreich Scherze weit verbreitet. Man nennt sie poisson d'avril (Aprilfisch). Meistens heftet man jemandem einen Papierzettel in Form eines Fisches auf den Rücken. Wenn der Betroffene dies endlich merkt, ruft man ganz laut »poisson d'avril«.

1. Mai – Tag der Arbeit: In Paris gibt es an diesem Tag große Kundgebungen. Überall werden Sträußchen mit Maiglöckchen (muguet) verkauft.

8. Mai – Sieg (Victoire) 1945:
Ende des Zweiten Weltkriegs

21. Juni – Fête de la Musique:
In ganz Paris liegt Musik in der Luft, überall gibt es Konzerte.

14. Juli – Nationalfeiertag *(Fête nationale)*:
An diesem Tag wird der Sturm auf die Bastille gefeiert, mit dem die Revolution in Paris 1789 begann. Daher findet eine große Militärparade auf den Champs-Elysées statt. Am Abend erleuchtet ein gigantisches Feuerwerk beim Eiffelturm den Himmel über Paris.

11. November – Waffenstillstand *(Armistice)* 1918: Ende des Ersten Weltkriegs

25. Dezember – Weihnachten *(Noël)*:
Nur der 1. Weihnachtstag ist ein Feiertag. Zu diesem Anlass gibt es einen besonderen Nachtisch in Frankreich: la bûche de Noël. Dies ist eine Torte in Form eines Holz-scheites (bûche).
Im Dezember sind vor allem die Champs-Elysées mit ihrer umwerfenden Beleuch-tung eine Pracht. Die Schaufenster der Kauf-häuser am Boulevard Haussmann werden für Kinder mit ungeheuer viel Phantasie dekoriert. Man kann sie auf einem extra mit Balustraden abgesperrten Weg anschauen. Trotz des großen Andrangs lohnt sich ein Besuch auf jeden Fall.

Unterkünfte

In Paris gibt es eine Unmenge von Hotels in allen Preislagen. Da die meisten Rundgänge sich im Stadtzentrum bewegen, empfiehlt es sich, ein Hotel im 1. oder 8. Arrondissement um den Louvre, im 4. Arrondissement im Marais oder im 6. Arrondissement in St-Germain-des-Prés zu wählen.
Für die Hotelauswahl und Reservierung gibt es mehrere Internetadressen:
www.hotels.com/paris
www.hotels-paris.fr
www.francehotelreservation.com
www.parisinfo.com

Wer ein gutes Standarthotel mit günstigen Angeboten sucht:
www.accorhotels.com

Hotels

Hôtel Saint-James & Albany
202, rue de Rivoli, 75001 Paris
Tel. 0033 (0)1 44 58 43 21
Fax 0033 (0)1 44 58 43 11
www.clarionsaintjames.com
Luxushotel mit Familienzimmern und Schwimmbad in zentraler Lage gegenüber den Tuilerien, nur ein Katzensprung vom Louvre.

Hôtel Lutétia
45, boulevard Raspail, 75006 Paris
Tel. 0033 (0)1 49 54 46 46
Fax 0033 (0)1 49 54 46 00
www.lutetia-paris.com
Traditionsreiches Hotel im Herzen von St-Germain-des-Prés. Es gibt Familienzimmer. Der Jardin du Luxembourg ist nicht weit weg, die Metro-Station liegt vor der Haustüre. Beste Einkaufsmöglichkeiten.

Hôtel de Lutéce
65, rue Saint-Louis-en-l'Ile, 75004 Paris
Tel. 0033 (0)1 43 26 23 52
www.paris-hotel-lutece.com
Schönes Hotel mit Kamin im Aufenthaltsraum. Beste Lage auf der Insel Saint Louis im Herzen der Stadt in unmittelbarer Nähe zu Notre-Dame.

Hôtel de la Bretonnerie
22, rue Sainte Croix de la Bretonnerie,
75004 Paris
Tel. 0033 (0)1 48 87 77 63
Fax 0033 (0)1 42 77 26 78
www.bretonnerie.com
Hotel in einem früheren Adelspalais mitten
im Marais, nicht weit vom Centre Pompidou
und von der Place des Vosges.

Hôtel du Danube
58, rue Jacob, 75006 Paris
Tel. 0033 (0)1 42 60 94 07
www.hoteldanube.fr
Schickes Hotel mit kleinem Innenhof in
St-Germain-des-Prés.

Hôtel Thérèse
5-7, rue Thérèse, 75001 Paris
Tel. 0033 (0)1 42 96 10 01,
Fax 0033 (0)1 42 96 15 22
www.hoteltherese.com
Klassisch modern eingerichtetes Hotel
in der Nähe des Louvre.

Hôtel La Perle
14, rue des Canettes, 75006 Paris
Tel. 0033 (0)1 43 29 10 10
Fax 0033 (0)1 46 34 51 04
www.hotellaperle.com
Geschmackvolles Hotel in St-Germain-des-
Prés in schöner kleiner Geschäftsstraße.
Alles, was man braucht, in unmittelbarer
Nähe.

Hôtel Louvre Bons Enfants
5, rue des Bons Enfants, 75001 Paris
Tel. 0033 (0)1 42 61 47 31
Fax 0033 (0)1 42 61 36 85

www.hotellouvrebonenfants.com
Kleines, vor kurzem renoviertes Hotel
in unmittelbarer Nähe des Louvre
in ruhiger Seitenstrasse.

Hôtel du 7ème Art
20, rue Saint-Paul, 75004 Paris
Tel. 0033 (0)1 44 54 85 00
Fax 0033 (0)1 42 77 69 10
www.paris-hotel-7art.com
Die Unterkunft für Kinofreunde in
guter Lage im Marais.

Hôtel des Canettes
17, rue des Canettes, 75006 Paris
Tel. 0033 (0)1 46 33 12 67
Fax 0033 (0)1 44 07 07 37
www.parishotelcanettes.com
Modern eingerichtetes Hotel in schöner
kleiner Geschäftsstrasse zwischen den
Kirchen St-Germain-des-Prés und St-Sulpice.

Hôtel Jeanne d'Arc
3, rue de Jarente, 75004 Paris
Tel. 0033 (0)1 48 87 62 11
Fax 0033 (0)1 48 87 37 31
www.hoteljeannedarc.com
Nettes Hotel in kleiner, ruhiger Seiten-
straße im Marais, im provençalischen Stil.

Hôtel du Lys
23, rue Serpente, 75006 Paris
Tel. 0033 (0)1 43 26 97 57
Fax 0033 (0)1 44 07 34 90
www.hoteldulys.com
Hotel in Familienbesitz in einer sehr
alten Straße im Quartier Latin, wenige
Gehminuten von Notre-Dame.

Hôtel Gavarni
5, rue Gavarni, 75116 Paris
Tel. 0033 (0)1 45 24 52 82
Fax 0033 (0)1 40 50 16 95
www.gavarni.com
Dieses Hotel liegt im bürgerlichen Wohn-
viertel im 16. Arrondissement in einer kleinen Seitenstrasse der Einkaufsstrasse Rue
de Passy. Verbindung mit Metro und Bus in
die Innenstadt. Kleine Zimmer, aber auch
eine Suite mit Blick auf den Eiffelturm.

Eldorado Hôtel
18, rue des Dames, 75017 Paris
Tel. 0033 (0)1 45 22 35 21
Fax 0033 (0)1 43 87 25 97
www.eldoradohotel.fr
Sehr originelles Hotel auf dem Montmartre,
Metroverbindung ins Stadtzentrum.
Schöne Zimmer, netter Service und gute
Preise.

Hôtel Esmeralda
4, rue Saint-Julien-Le-Pauvre, 75005 Paris
Tel. 0033 (0)1 43 54 19 20
Fax 0033 (0)1 40 51 00 68
Dieses Hotel wird im Kinderbuch »Linnea
im Garten des Malers« von Christina Björk
beschrieben. Es heißt dort, es sei wahrscheinlich das netteste Hotel von Paris.
Der Blick auf Notre-Dame ist jedenfalls
einmalig.

Zimmer mit Frühstück

Alcôve & Agapes
8 bis, rue Coysevox, 18. Arr.
Tel. 0033 (0)1 44 85 06 05
www.bed-and-breakfast-in-paris.com

Ferienwohnungen

Résidence Hôtelière Saint Sulpice
23, rue Guisarde, 6. Arr.
Tel. 0033 (0)1 40 46 07 99
www.saintsulpiceresidence.com
In St-Germain-des-Prés bei St-Sulpice.

Weitere Angebote unter:
www.parisinfo.com
www.chezvous.com
www.destinationslocappart.com

Restaurants, Cafés, Geschäfte

Kurz ein Wort zu den Restaurants. Wie ihr sicherlich spätestens seit dem Film »Ratatouille« wisst, ist Paris berühmt für seine Restaurants. Ganz allgemein spielt das Essen eine große Rolle in Frankreich und natürlich besonders in Paris. In den Restaurants ist es nicht üblich, dass man sich selbst einen Tisch sucht. Wenn ihr das Lokal betretet, wartet bis ein Kellner kommt und euch fragt zu wie vielen ihr seid. Dann kann es sein, dass ihr ein bisschen warten müsst, bis ein Platz frei wird. Nur in Cafés kann man sich einfach an einen freien Tisch setzen. In vielen Lokalen gibt es ein »menu enfant« (Kindermenü). Meist handelt es sich um ein »steak haché«, eine Art Hamburger mit Pommes frites oder um »poulet«, Hühnchen mit Pommes frites. Dazu gibt es einen Nachtisch und manchmal auch ein Getränk. Wenn ihr den Hamburger gerne durchgebraten haben möchtet, solltet ihr bei der Bestellung »bien cuit« sagen, denn in Frankreich wird er normalerweise nur kurz angebraten. Nun kann eigentlich nichts mehr schief gehen. Bon appétit!

1. Rundgang: Das Herz der Stadt

Alle Adressen dieses Rundgangs befinden sich auf der Insel Saint Louis, ausgenommen die erste.

ESSEN
Brasserie du Pont Louis-Philippe
66, Quai de l'Hôtel de Ville
Tel. 01 42 72 29 42
tgl. 10.00 – 24.00 Uhr
Schöne, typische Brasserie am rechten Ufer der Seine, mit Terrasse.

Le Flore en l'Ile
42, quai d'Orléans
Tel. 01 43 29 88 27
tgl. 8.00 – 2.00 Uhr, geschlossen 25. Dezember; Restaurant und Café direkt am Brückenübergang. Schöner Blick auf Notre-Dame.

EIS UND SCHOKOLADE
Berthillon
29/31, rue Saint-Louis-en-l'Ile
Tel. 01 43 54 31 61
www.berthillon.fr
Ganz einfach: das beste Eis von Paris. Kleines Café.

La Charlotte de l'Isle

24, rue Saint-Louis-en-l'Ile

Tel. 01 43 54 25 83, Do.–So. 14–20 Uhr

www.la-charlotte.fr

Klitzekleiner Schokoladenladen mit
einigen Tischen.

GESCHÄFTE
L'Arche de Noé

70, rue Saint-Louis-en-l'Ile

Tel. 01 46 34 61 60

Schönes Spielzeuggeschäft.

Pylônes

57, rue Saint-Louis-en-l'Ile

Tel. 01 46 34 05 02

Laden mit lustigen Gebrauchsgegen-
ständen, wie Scheren in Form eines
Storches oder ein Schwein als Taschen-
rechner.

Bleu dans l'Ile

35, rue des Deux Ponts

Tel. 01 40 51 78 18

Kleines Bonbongeschäft.

AM EIFFELTURM:

ESSEN

Altitude 95

Tel. 01 45 55 20 04

Im ersten Stock des Eiffelturms in 95 Metern Höhe (daher der Name) befindet sich
dieses Restaurant mit hervorragendem
Blick auf den Trocadéro. Kindermenüs auf
der Karte. Tisch vorher telefonisch reser-
vieren, damit man direkten Zugang zu
den Aufzügen und zum Restaurant hat.
Im kleinen Tickethäuschen auf der linken

Seite des Eiffelturms zwischen Nord- und
Ostpfeiler kann man die Tickets abholen.
Ein Erlebnis!

Café Marine

Port de la Bourdonnais

Tel. 01 44 11 33 69

Am Schiffsanleger der Ausflugsboote auf
der Seine. Schnelle Standardküche.

2. Rundgang:
CHAMPS-ELYSÉES

ESSEN

Ladurée

75, av. des Champs-Elysées

Tel. 01 40 75 08 75

www.laduree.fr

Ableger des traditionsreichen Pâtisserie-
geschäfts. Hier gibt es die berühmten
Macarons, runde Plätzchen mit Frucht-
füllung in wunderschönen Farben. Alles
sehr elegant und gepflegt.

Virgin Café

52 – 60, av. des Champs-Elysées

Tel. 01 42 89 46 81

Mo. – Sa. 10.00 – 23.30 Uhr, So. ab 12.00 Uhr.
Restaurant im obersten Stock des Multime-
diakaufhauses Virgin. Gut und unkompliziert.

GESCHÄFTE
Boutique PSG

27, av. des Champs-Elysées

Tel. 01 56 69 22 22

Mo. – Do. 10.00 – 22.00, Fr. – Sa. 10.00 –
24.00 Uhr, So. 12.00 – 20.00 Uhr
Fangeschäft des Pariser Fußballclubs.

Disney Store

44, av. des Champs-Elysées

Tel. 01 45 61 45 25

tgl. 10.00 – 23.00 Uhr, geschlossen 1. Mai und 25. Dezember. Riesiges Geschäft mit allen Disney-Produkten. Besonders beeindruckend: die Verkleidungen.

Monoprix

52, av. des Champs-Elysées

Mo. – Sa. 9.00 – 24.00 Uhr

Kaufhaus der französischen Supermarktkette. Schöne, günstige Anziehsachen für Kinder.

LOUVRE:

ESSEN

Universal Resto

Carrousel du Louvre

99, rue de Rivoli

Tel. 01 40 20 04 04

www.universal-resto.com

tgl. 8.00 – 23.00 Uhr

Riesiges Selbstbedienungslokal mit Spezialitäten aus aller Welt, direkt im unterirdischen Einkaufszentrum neben dem Louvre.

IN DEN TUILERIEN:

La Terrasse de Pomone

Tel. 01 42 61 22 14

In diesem Gartenlokal gibt es neben den üblichen Gerichten auch Crêpes. Schöner Blick auf den kleinen Triumphbogen.

Chalet de Diane

Tel. 01 42 96 81 12

Sommer: tgl. 7.00 – 23.00 Uhr,

Winter: 7.30 – 19.30 Uhr

Liegt gegenüber dem Lokal La Terrasse de Pomone. Schöner Ort im Grünen im Herzen von Paris.

EIS UND CAFÉS

Häagen Dazs Café

159, rue Saint-Honoré

Tel. 01 40 20 45 88

tgl. 12.00 – 23.00 Uhr

Café der bekannten Eismarke.

Angelina

228, rue de Rivoli

Tel. 01 42 96 35 60

Berühmtes Café und Restaurant, bekannt vor allem für heiße Schokolade, die allerdings sehr dickflüssig und dunkel ist.

GESCHÄFTE

Im Carrousel du Louvre, dem unterirdischen Einkaufszentrum neben dem Louvre, gibt es eine Vielzahl von schönen Läden.

Les enfants du musée

Musée du Louvre

34 – 36, quai du Louvre

Tel. 01 40 20 54 28

tgl. 9.30 – 19.00 Uhr, Di., Mi., Fr. bis 21.45 Uhr

Kinderbuchladen des Louvre. Große Auswahl an Büchern und Spielen, die mit Kunst zu tun haben.

Le Ciel est à tout le monde

Carrousel du Louvre

99, rue de Rivoli

Tel. 01 49 27 93 03

www.lecielestatoutlemonde.com

Buntes Spielwarengeschäft.

Nature et Découvertes
Carrousel du Louvre
99, rue de Rivoli
Tel. 01 47 03 47 43
www.natureetdecouvertes.com
Filiale der Ladenkette mit schönen Dingen
für Haus und Garten. Die Kinderabteilung
befindet sich im ersten Stock.

3. Rundgang: Marais

ESSEN
Ma Bourgogne
19, place des Vosges
Tel. 01 42 78 44 64
tgl. 8.00 – 1.00 Uhr
Berühmtes Bistro mit für die schöne Lage
an der Place des Vosges noch angenehmen
Preisen.

Chez Janou
2, rue Roger Verlomme
Tel. 01 42 72 28 41
Angenehmes Restaurant mit einigen
Tischen im Freien.

Le Loir dans la théière
3, rue des Rosiers
Tel. 01 42 72 90 61
tgl. 11.30 – 19.00 Uhr
Der Name dieses Lokals ist eine Anspielung
auf Alice im Wunderland, die Einrichtung
sieht aus wie vom Flohmarkt. Sehr lockere
Atmosphäre und gute kleine Gerichte.

Café du Centre culturel suédois
11, rue Payenne, Hôtel de Marle
Tel. 01 44 78 80 20
Di. – So. 12.00 – 18.00Uhr
Das schwedische Kulturzentrum residiert in
diesem schönen Adelspalast mit gepflaster-
tem Innenhof. Das Café ist ein angenehmer
Ort, um eine Kleinigkeit zu essen, zu trinken
und zum Entspannen.

Curieux Spaghetti Bar
14, rue Saint Merri
Tel. 01 42 72 75 97
Sehr modisches Lokal direkt hinter dem
Centre Pompidou. Gute Angebote für
Mittagessen, interessante Nachspeisen.

Crêperie Beaubourg
2, rue Brisemiche
Tel. 01 42 77 63 62
Nette Crêperie mit Blick auf den Strawinsky-
Brunnen.

GESCHÄFTE
La charrue et les étoiles
19, rue des Francs Bourgeois
Tel. 01 48 87 39 07
Geschenkeladen, in dem es alle Comic-
Helden als kleine Figürchen gibt: Asterix,
Obelix und Idefix & Co. und viele andere
Figuren, auch Tim und Struppi sind
vertreten.

L'Ours du Marais
18, rue Pavée
Tel. 01 42 77 60 43
Mo. – Sa. 11.30 – 19.30, So. 14.00 – 19.30 Uhr
www.oursdumarais.com
Alles zum Thema Teddybär.

Mona Lisait

17, rue Pavée
Tel. 01 48 87 78 17
www.monalisait.fr
In dieser antiquarischen Buchhandlung kann man gute Kinderbücher für wenig Geld finden.

K. Jacques

16, rue Pavée
Tel. 01 40 27 03 57
Bekannte Sandalenmarke aus St. Tropez. Klassische Modelle für Kinder in hellem Naturleder, aber auch in modischen Farben. Vorsicht: sehr kleiner, teurer Laden!

Petit Bateau

36, rue de Sévigné
Tel. 01 48 87 27 10
Die Firma Petit Bateau ist mit Kinderunterwäsche bekannt geworden. Mittlerweile gibt es für Kinder alles von Söckchen bis zum Mantel und dazu eine kleine Auswahl für die Mamas.

Matière Première

12, rue de Sévigné
Tel. 01 42 78 40 87
www.matierepremiere.fr
Mo. – Sa. 11.00 – 19.30, So. 15.00 – 19.00 Uhr. Ein Perlenparadis! Es gibt Perlen aus aller Welt und alles, was man zum Herstellen von Schmuck braucht.

4. Rundgang: St-Germain-des-Prés

ESSEN

La Crêperie des Canettes

10, rue des Canettes
Tel. 01 43 26 27 65
www.pancakesquare.com
So. und Mo. abends geschlossen
Schöne kleine Crêperie im Seefahrerstil.

Pizza Positano

15, rue des Canettes
Tel. 01 43 26 01 62
Mo. – Sa. 12.00 – 14.30, 19.00 – 23.00 Uhr
Auch wenn man nicht nach Paris kommt um Pizza zu essen – dies soll eine der besten Pizzerien der Stadt sein. Eine weitere liegt gleich nebenan.

Bartolo

7, rue des Canettes
Tel. 01 43 26 27 08
Di. – Sa. 12.00 – 14.30, 19.00 – 1.30 Uhr, So. nur 12.00 – 14.30 Uhr.
Noch ein empfehlenswerter Italiener.

EIS

Le Bac à Glaces

109, rue du Bac
Tel. 01 45 48 87 65
www.bacaglaces.com
Mo. – Sa. 12.00 – 19.00 Uhr, August geschlossen. 36 verschiedene Eissorten ohne chemische Farbzusätze.

GESCHÄFTE

Au Plat d'Etain

16, rue Guisarde
Tel. 01 43 54 32 06
Sehr altes, eingesessenes Zinnsoldaten-

geschäft. Es gibt auch nicht militärische Figuren, wie z. B. Radrennfahrer der Tour de France. Leider nicht ganz billig.

Bonpoint
6, rue Tournon
Tel. 01 56 24 05 79
www.bonpoint.fr
Die feinste französische Kindermarke hat hier in einem riesigen Adelspalais ihren Hauptladen eröffnet. In großen sehr kunstvoll dekorierten Räumen werden nach Alter die Kinderkleider präsentiert. Im Untergeschoss zum Garten modernes chices Restaurant. Es gibt auch Kindergerichte.

Chantelivre
13, rue de Sèvres
Tel. 01 45 48 87 90
Mo. 13.00 – 18.50, Di. – Sa. 10.00 – 18.50 Uhr
Großer, schöner Kinderbuchladen mit einer Musikabteilung.

Bonton Bazar
122, rue du Bac
Tel. 01 42 22 77 69
Netter Laden mit Dekorationsgegenständen für Kinderzimmer.

INVALIDENDOM:
ESSEN
Le Jardin de Varenne
77, rue de Varenne
Tel. 01 45 50 42 34
Di. – So. 9.30 – 18.30 Uhr (1. April bis 30. September), 9.30 – 16.30 Uhr (1. Oktober bis 31. März)
Die Cafeteria des Rodinmuseums in der Nähe des Invalidendoms liegt in einem schönen Garten. Kleine Gerichte und Salate in herrlicher Umgebung.

Zwei sehr gute Konditoreien, in denen es nicht nur Kuchen gibt, lohnen einen kleinen Abstecher:
Jean Millet
103, rue Saint Dominique
Tel. 01 45 51 49 80
Mo. – Sa. 9.00 – 19.00, So. 8.00 – 13.00 Uhr

Pâtisserie Stéphane Secco
20, rue Jean Nicot
Tel. 01 43 17 35 20
Mo. – Sa. 9.30 – 20.30 Uhr

5. Rundgang: Montmartre
ESSEN
La Mère Catherine
6, place du Tertre
Tel. 01 46 06 32 69
Traditionsreiches Restaurant, in dem der Begriff Bistro entstand. Bei schönem Wetter einige Tische auf dem Platz. Kindermenü.

Le Vieux Chalet
14, rue Norvins
Tel. 01 46 06 21 44
So. abends und Mo. geschlossen
Nettes Lokal mit schönem Innenhof nicht weit von der Place du Tertre.

Relais de la Butte
12, rue Ravignan
Tel. 01 42 23 24 34
An einem kleinen Platz, direkt gegenüber von Picassos früherem Atelier.

Le coquelicot des Abbesses

24, rue des Abbesses

Tel. 01 46 06 18 77

Di.– So. 8.00 – 20.00 Uhr

Ansprechende altertümliche Bäckerei
mit Café, einige Tische auf der Straße.
Es werden durchgehend kleine Gerichte
serviert.

Café Tabac des Deux Moulins

15, rue Lepic

Für alle, die auf Amélies Spuren wandeln
wollen. Das Café, in dem Amélie im Film
arbeitet.

GESCHÄFTE

Um die Place du Tertre wimmelt es nur so
von Andenken- und Schnickschnackläden.

Do you speak martien?

8, rue des Trois Frères

Mo.– Sa. 11.00 – 19.00 Uhr.

www.doyouspeakmartien.com

Eigenwillige Auswahl an Kindheitserinne-
rungen, japanischem und amerikanischem
Kleinkram.

La Boutique des Anges

2, rue Yvonne Le Tac

Tel. 01 42 57 74 38

Mo.– Sa. 10.30 – 19.15, So. 11.00 – 19.00 Uhr

Hier gibt es Engel in jeder Form.

6. Rundgang: Versailles

ESSEN

Im Garten des Schlosses gibt es gegenüber
vom großen Kanal ein nettes, kinderfreund-
liches Restaurant mit Garten.

La Flottille

Parc du Château de Versailles

www.laflotille.fr

Tel. 01 39 51 41 58

tgl. geöffnet

In Versailles nicht weit vom Schloss und der
RER-Station:

A la Coiffe Bretonne

10, av. Général de Gaulle

Tel. 01 30 21 78 22

Crêperie mit großer Auswahl, deutsche
Speisekarte. Sonntagabend und Montag
geschlossen.

Buffalo Grill

7, av. Sceaux

Tel. 01 30 21 32 03

Wer Steaks mag, ist hier gut aufgehoben.
Tische im Freien.

Begriffserklärungen

GOTIK

Hiermit bezeichnet man ganz allgemein den Kunststil von etwa 1150 bis zum Beginn des 16. Jahrhunderts. Meistens wird dieser Begriff aber für die neue Bauweise, die sich in dieser Zeit erst in Frankreich und dann in ganz Europa verbreitet hat, verwendet. Berühmte Beispiele für diesen Baustil sind in Paris die Kathedrale Notre-Dame und die Sainte-Chapelle.

IMPRESSIONISMUS

Diese Stilrichtung der Malerei entstand in der zweiten Hälfte des 19. Jahrhunderts in Frankreich. Im Französischen heißt »impression« Eindruck. Den Impressionisten ging es darum, ihren Eindruck von einem Motiv festzuhalten. Um die Lichtverhältnisse darzustellen malten sie mit kleinen Farbtupfern. Häufig begaben sie sich ins Freie und in die Natur, um dort zu arbeiten. Den besten Überblick über die Künstlergruppe der Impressionisten und ihre Werke bekommt man in Paris im Musée d'Orsay, der bekannteste Vertreter ist Claude Monet.

HIEROGLYPHEN

Dies sind die bildhaften Schriftzeichen der alten Ägypter. In Paris könnt ihr sie auf dem Obelisken auf der Place de la Concorde sehen.

KAPITELL

Der obere Abschluss einer Säule.

MÄRTYRER

Märtyrer werden Menschen genannt, denen wegen ihres religiösen Glaubens schweres körperliches Leid zugefügt wurde. Viele von ihnen haben einen qualvollen Tod erlitten. So wurde der Heilige Dionysius (»Saint Denis«) wegen seines Glaubens enthauptet. Ihn könnt ihr auf einem Portal der Kathedrale Notre-Dame entdecken.

PARISER KOMMUNE

Nach dem Deutsch-Französischen Krieg von 1870/1871 hat sich in Paris spontan ein Stadtrat gebildet. Dieser wollte die Stadt nach seinen eigenen Vorstellungen verwalten, die aber überhaupt nicht denen der französischen Regierung, die sich in Versailles versammelt hatte, entsprachen. Daher nennt man die Zeit vom 18. März–27. Mai 1871, als der Aufstand der Pariser Bevölkerung gegen die französische Regierung stattfand, nach dem Stadtrat »Pariser Kommune«. In dieser Zeit wurden der Tuilerienpalast, ein Teil des Louvre, und das Rathaus in Brand gesteckt.

RELIQUIEN

Reliquien sind Überreste von verstorbenen Heiligen. Meist handelt es sich um Knochen oder Kleidungsstücke. In Paris könnt ihr eine der wertvollsten Reliquien sehen: die angebliche Dornenkorne Christi. Sie befindet sich heute in der Schatzkammer von Notre-Dame.

RENAISSANCE

Diese Kunstepoche schließt sich an die Gotik an. Die Renaissance entstand Anfang des 15. Jahrhunderts in Italien. Vor allem Baukunst, Bildhauerei und Malerei nahmen einen großen Aufschwung. In Paris könnt ihr viele Gemälde aus dieser Zeit im Louvre sehen, insbesondere von Leonardo da Vinci, darunter das weltberühmte Gemälde der Mona Lisa.

REPUBLIK

Eine Republik ist eine Staatsform, bei der die Regierung für eine bestimmte Zeit gewählt wird.

REVOLUTION

Eine Revolution ist die gewaltsame Veränderung einer bestehenden Ordnung. So wurde bei der Französischen Revolution die Jahrhunderte alte Herrschaft des Königs abgeschafft, Frankreich wurde zu einer Republik.

TEMPLERORDEN

Das Hauptziel des 1119 in Jerusalem von französischen Rittern gegründeten Ordens war der Schutz der Pilger auf ihrem Weg nach Jerusalem. Der vollständige Name des Ordens lautet »Arme Ritterschaft Christi vom salomonischen Tempel«. In Jerusalem konnte sich der Orden in einem Gebäude, das über dem zerstörten Tempel König Salomons errichtet worden war, niederlassen. In Paris hatten die Templer ihren Sitz im Stadtviertel Marais, einem Sumpfgebiet, das sie erst trocken legten und somit bewohnbar machten. Heute sind nur noch die Straßennamen Rue du Temple und Rue Vieille du Temple deutliche Hinweise auf diesen Orden in Paris. Der Templerorden wurde nämlich auf Drängen des französischen Königs Philipps des Schönen schon 1312 vom Papst aufgelöst.

Index

Personenregister

A
Anna von Österreich 19, 39, 84

B
Blanca von Kastilien 16, 32, 33, 34
Boucher, François 55
Braques, Georges 78
Breton, André 79

C
Capet, Hugo 12, 15
Cézanne, Paul 93
Champollion 57, 60
Chardin, Jean-Baptiste Siméon 54
Chirac, Jacques 26
Clodwig 15

D
Dali, Salvador 79
David, Jacques-Louis 21, 55
Degas, Edgar 24
Delacroix, Eugène 84
Dionysius, hl. 14, 38, 93, 124

E
Eiffel, Gustave 43
Ernst, Max 79

F
Franz I. 12, 17, 52, 88

G
Gaulle, Charles de 26
Geneviève, hl. 15
Gogh, Vincent van 93, 95

H
Heinrich II. 18, 70, 72, 88
Heinrich III. 18
Heinrich IV. 18, 69, 70, 72
Hugo, Victor 40, 73

K
Karl V. 17, 32, 35, 50, 69
Karl der Große 15, 41

L
La Tour, Georges de 53
Le Nain, Louis 54
Louis-Philippe 22
Ludwig IX. 16, 17, 32
Ludwig XIII. 18, 34, 39, 90, 99
Ludwig XIV. 12, 19, 20, 32, 33, 51, 86, 91, 99, 100
Ludwig XV. 20, 59
Ludwig XVI. 13, 20
Ludwig XVIII. 21, 22

M
Magritte, René 79
Manet, Edouard 24
Marie Antoinette 20, 35, 36, 103, 105, 106
Matisse, Henri 77
Medici, Katharina de 18, 50, 70, 89
Medici, Maria de 18, 111
Miró, Joan 79
Mitterand, François 26, 51, 91
Modigliani, Amedeo 93
Monet, Claude 24, 59

N
Napoleon Bonaparte 21, 40, 49, 51
Napoleon III. 23, 58
Nouvel, Jean 45

Fotonachweis

ARTOTHEK, Weilheim:
24, 52, 54, 55, 94, 99;

akg-images, Berlin:
78, 19, 77

Marc Lavaud, Paris:
4,8,19,79

Alle anderen Fotos:
Dorothea Resch, Paris

Vielen Dank für Tipps, Hinweise und Korrekturen an:
Sophie Arnould, Marion Badolle, Annette und Erich
Fleischer, Inès Jourde, Patricia Kaplan, Eva Koutros,
Thomas Kresser, Xavier Leroy, Caroline Schulenburg,
Sandrine Venverloo und Monika Weik.

Hinweis der Autorin und des Verlags: Alle in diesem
Buch enthaltene Angaben wurden von der Autorin
nach bestem Wissen erstellt und von ihr mit größt-
möglicher Sorgfalt überprüft. Gleichwohl sind, wie
wir im Sinne des Produkthaltungsrechts betonen
müssen, inhaltliche Fehler nicht vollständig auszu-
schließen. Daher erfolgen die Angaben ohne
jegliche Verpflichtung oder Garantie des Verlages
und der Autorin. Diese übernimmt keinerlei Verant-
wortung und Haftung für etwaige Unstimmig-
keiten. Wir bitten dafür um Verständnis. Korrektur-
hinweise werden wir gerne aufgreifen.